体育教学创新研究

徐清香　王　涛　张　冲◎著

吉林文史出版社

图书在版编目（CIP）数据

体育教学创新研究 / 徐清香，王涛，张冲著. -- 长春 : 吉林文史出版社，2021.7

ISBN 978-7-5472-7896-3

Ⅰ. ①体… Ⅱ. ①徐… ②王… ③张… Ⅲ. ①体育教学－教学研究 Ⅳ. ①G807.01

中国版本图书馆 CIP 数据核字(2021)第 144895 号

TIYU JIAOXUE CHUANGXIN YANJIU

书　　名 体育教学创新研究
作　　者 徐清香　王　涛　张　冲
责任编辑 王丽媛
封面设计 徐芳芳
出版发行 吉林文史出版社有限责任公司
地　　址 长春市福祉大路 5788 号
网　　址 www.jlws.com.cn
印　　刷 北京四海锦诚印刷技术有限公司
开　　本 185mm×260mm 16开
印　　张 8
字　　数 200 千字
版　　次 2023年 6 月第 1 版　2023年 6 月第 1 次印刷
定　　价 48.00 元
书　　号 ISBN 978-7-5472-7896-3

前　言

在体育教学中，教师主要向学生传授体育知识和某些运动项目的相关规则。学生在教师的帮助下，能够系统地对体育的相关知识进行学习，在强身健体的基础上，能够学习体育的技巧，不断地学习体育方面的相关知识。在运动训练方面，它更注重的是实践的过程，一方面，在教练专业的指导下，运动员能够针对自身希望提升的运动能力或者是某些运动项目适宜地进行运动训练。通过训练，运动员能够对运动项目不断熟练掌握，自己的运动能力不断提升。另一方面，教练要针对运动员的不同情况，如身体素质、运动能力及意志力等诸多因素制订合理的训练方案。最终，通过运动训练能够让运动员在心理和生理方面得到全面提升，从而获得更好的成绩。

鉴于此，笔者撰写了《体育教学创新研究》一书。本书共有六章。第一章对体育教学进行了概述；第二章从多维视角对体育教学理论进行了分析；第三章对体育教学的政策发展与原则改革进行了研究；第四章论述了体育教学内容与方法改革创新策略；第五章对体育教学模式创新进行了探索；第六章阐述了体育教学实践创新发展的问题与对策。

因笔者写作水平有限，书中不免有不足之处，恳请广大读者批评指正。

目 录

第一章 体育教学概述

第一节 体育运动与体育教学

一、体育运动的起源

体育运动有着悠久的历史，其产生最早可追溯到原始社会，在原始社会就已有体育运动的雏形。① 体育运动伴随着人类社会的不断发展而发展。

在远古时代，体育源于强身、自卫、求生存的需要。原始人为了生存和保卫自身安全，必须经常与凶禽猛兽和自然灾害进行斗争，其中狩猎就是人类最古老的生产活动，也是人类生存和自卫所必需的行为。原始人迫于谋生需要，为寻找食物要跋山涉水，为追捕野兽要跨涧越沟，为杀伤猎物要掷石投棍，为逃避自然灾害而跋涉迁徙，从而发展了走、跑、跳、投掷、攀爬、游泳、格斗等基本活动能力，这些就是人类最初的运动方式，也是体育运动的萌芽。

综上所述，原始人类在生产劳动和生存竞争中的身体活动，就是原始体育的最初形态，体育运动是人类生存不可或缺的行为，是人类社会发展的必然产物。归根结底，体育运动是伴随着人类社会的不断发展而产生和发展起来的。

二、体育运动的发展历程

进入奴隶社会之后，随着社会生产力的不断发展，人类社会生活中逐渐出现了教育、文化、艺术等社会现象。人的身体活动同这些社会现象相结合，从而奠定了体育产生的社会基础，体育就在这样的背景下逐步发展起来。

中华民族有着悠久的历史，我们的祖先在历史长河中创造了光辉灿烂的文化，体育就

① 李雷，邵锦梅：《高校体育教育中的文化传承》，载《华北煤炭医学院学报》2011 年第 13 卷第 4 期，第 577 –578 页。

是其文化宝库中的一朵奇葩。我国古代体育发源很早，有人追溯到黄帝时代，即公元前2500年，先后发明了蹴鞠、摔跤、射箭、武术、导引术、气功、围棋、投壶等丰富多彩的体育活动项目。周朝时的教育内容称为“六艺”，即礼、乐、射、御、书、数，其中射和御都带有体育教育的性质。从秦代到宋代先后出现了达摩祖师的“十八罗汉手”“百戏”“五禽戏”，宋代岳飞编制了一套健身操叫“八段锦”，流传至今。

进入封建社会之后，不论是我国还是中世纪的欧洲，体育在东、西方的历史进程中，都注重实践性和教育性。“军事体育”“娱乐体育”“养生体育”“民间体育”等使得体育的范围不断扩大，体育的属性不断延伸，在这时，体育运动成为人们强身健体和娱乐身心的重要手段。在欧洲，古希腊人非常热爱体育运动，角力、赛跑、拳击、格斗、射箭、掷石饼等是他们较为喜爱的运动项目，这些项目后来逐渐演变为竞技体育项目，并且在全希腊的体育竞技赛会和宗教性的祭神集会上进行比赛和表演，每4年举行一次。从公元前776年至公元393年，共举行过293届，被后人称之为“古代奥林匹克运动会”，简称古代奥运会，这极大地促进了体育运动在全世界的发展。17世纪中期，伴随着英国工业文明而迅速发展起来的体育运动，也随着资本主义经济的蓬勃兴起和对外扩张而迅速发展起来了。于是，英国的户外运动、娱乐体育和竞技项目，逐渐在世界许多国家得到传播。体育运动已开始具有一定的竞赛性和国际性，运动项目越来越多，规模越来越大。

现代体育运动起源于19世纪的英国。1828年，英国教育家托马斯·阿诺德开办了一所橄榄球学校，第一个把体育列入学校课程，这对现代体育的产生和发展起到了决定性作用，他是现代体育的创始人。在英国的影响下，1844年在柏林举行了大学生田径运动会。1857年又成立了田径协会，并在剑桥大学举行了世界第一次大学生田径比赛，这对世界现代体育的产生和发展的影响更为深刻。1863年，产生了起源于英格兰的现代足球运动，现代足球运动从它诞生的那一天起，就以其独特的魅力赢得了世人的钟爱，并在短短100多年的时间里征服了世界，让无数人为之疯狂。现代奥林匹克运动的创始人、奠基人——法国著名社会活动家皮埃尔·德·顾拜旦先生，他所倡导的现代奥林匹克运动已成为全球规模最大的综合性体育盛会，这对于促进体育的国际化发展具有重要意义。美国现代体育的兴起稍晚于英国，但经过一段时间的发展，也达到了一个相当高的水平。

综上所述，现代体育运动的兴起和发展是文明社会的标志之一，它是在19世纪英国工业革命的历史条件下产生的。随着现代社会的不断发展，体育已成为现代社会的普遍现象，甚至成为人们的日常生活方式之一。现代体育的社会功能已大大超过增强人民体质的范围，成为改善生产方式、提高生活质量不可或缺的因素。总之，现代社会不能没有体育，未来社会更加需要体育。

三、体育教学的形成与发展

（一）体育教学的形成

古埃及、古巴比伦、古印度等文明古国都曾出现过专门为贵族开设的宫廷学校、祭司学校、神庙学校，这些学校的主要体育教学内容为射箭、骑马、驾车以及使用刀剑。

公元前 8 世纪的古希腊是西方奴隶制社会教育发展的典型代表，当时的斯巴达和雅典流行着两种自成体系的体育教学模式。在极端军事化思想的影响下，斯巴达人崇拜体格健壮的武士，而不重视文化的学习，当时的体育教学教育以军事训练为主，斯巴达人不论男女都被编入军队参加严格的军事体育操练。其军事体育训练的基本项目是赛跑、跳跃、掷铁饼、角力、投标枪等；在雅典，体育教学教育具有十分重要的地位，雅典人从小就被要求接受学校教育。当时的雅典儿童在 7 岁时便要进入文法学校和音乐学校学习文化知识和音乐，同时参加一些基本的体育活动。到了 12 岁便进入体操学校学习体育操练，操练内容和斯巴达的军事训练项目大体一致，目的是锻炼强健的体魄。此外，雅典人还把体育活动与文艺活动结合起来，同时重视对人的身体素质、精神意志的培养。

在古希腊，古代奥林匹克运动的内容主要是组织各种体育竞技活动。古代奥林匹克运动会的存在和发展也极大地推动了古希腊时期体育教学的产生、形成和发展。古希腊的各个城邦都非常重视体育教育，雅典甚至设有专门的体育学校，专门培养奥林匹克竞技人才，这对体育教学的发展产生了重要的影响。综上所述，古希腊的体育教学发展得较早，但是受历史各方面因素的影响，其教学内容、教学思想的发展也受到一定程度的限制。

（二）体育教学的发展

在希腊化时期，希腊的独立性遭到冲击，文化教育的发展也发生了重大变化，体育教育不再服务于军事，而是以发展学生身体健康为主要任务。在这样的背景下，体育教学教育获得了一定的发展。

在文艺复兴时期，人文主义教育观得到普及与发展，体育教育重新得到了重视。宗教改革中新旧两派为了取得民众的广泛支持，都不遗余力地实施文化知识与身体并重的教育主张，客观上促进了体育教学的发展。当时被誉为“近代学校体育之父”的捷克教育家夸美纽斯提出“适应自然”的教育原则，奠定了近代西方教育理论和学校教育的基础。此后，伴随着生产力的快速发展，自然科学和社会科学都取得了巨大成就，许多思想家、哲学家和教育家都肯定了体育教育的重要价值和作用，人们开始热衷于体育锻炼。

18 世纪开始，一些国家开始推行体育实践活动，体育教学体制逐步得到确立。如德国教育家巴泽多创办的“博爱学校”，最早将体育引入学校教育中；丹麦政府规定中等学校设置体操学科，把体育正式列为学校课程；瑞典要求在中学开设体育课……越来越多的国家开始认同体育教学的重要性，各国的体育教学体制初步建立起来。

20 世纪以来，世界各国结合实际从不同的角度对体育教学进行了改革，提出了许多新的体育教学理论。如美国学者托马斯·伍德和赫塞林顿提出了“新体育”学说，奥地利教育家高尔·霍菲尔设计出更加符合学生需要的体育实践形式。这些体育教学教育理论不仅肯定了体育教育的重要地位，还促进了体育教育的科学化发展。

20 世纪中期，受第二次世界大战的影响，世界格局发生了重大的变化，各个国家开始重视新技术革命的发展，体育教学也面临着重大变革：首先，体育教学开始重视学生的终身体育教育和休闲体育活动的发展；其次，体育教学的内容更加丰富，并向着多元化方向发展，如重视体育的竞技性、表演性、娱乐性；再次，体育教学的形式和方法多样化，新的科技革命促进了体育教学手段的进步和发展，以电化教学为代表的新教学手段和以充分调动学生主动性为目标的新教学思想得到重视；最后，体育教育教学测量和评价更加科学化，体育教学管理制度更加规范化。总之，体育教学在新的历史条件下不断发展、创新和完善。

第二节　体育教学理念的更迭发展

体育教学作为高校教学的一部分，其教学质量的好坏直接影响着高校整体教育教学水平。教学要始终贯彻终身体育理念，这需要高校和体育教师的协同合作才能为学生提供良好的体育教学环境，并帮助学生树立终身体育观念。

一、知识取向的教学嬗变与争鸣

在漫长的历史岁月中，学校教育主要是采用师徒教学制。随着近代工业的发展，这一教学制难以适应大机器生产所带来的质量、效率的需求，培养大批的、符合工业革命需要的统一型人才就成为当时教育的主要使命。于是，班级授课制应运而生，达成了培养大批统一型人才的教育使命。其缺陷是学校与教师片面强调知识的传授，偏重于学生“智”的培养与提高，使学生自身以一种纯功利的态度对待学习，不去追求自身素质的全面提高与优化，把“获取知识”作为自己唯一的学习目标。①

从某种意义上来说，任何教育都负载着一定的价值。这一命题的出现无疑也要求学校

① 钟启泉，胡惠闵：《我国教师教育课程标准的建构》，载《全球教育展望》2005 年第 34 卷第 1 期，第 36-39 页。

教学进行相应的格式化调整，引发理论和教学向其靠拢。于是以行为主义生物观为描述的机械式的传习技术和整齐划一的操练就成为体育教学的时代范式，统一负荷、统一进度、统一标准成为体育教学的特点。

（一）行为主义教学观

在19世纪与20世纪交替之时，出现了强调学习与行为相关联的“行为主义教学理论”。由于这一教学理论的出现与当时被称为时代精神的达尔文进化论密切相关，受其影响该理论以生物成长作为人的发展模式，立足于外部的指导，发展学习性活动，为规范教学目标、可控的教学过程、可及时检测的教学结果做出贡献，客观地揭示教与学的本质，科学地进行教学规划及构建教学设计理论与学科，提供基础性的先导。

它对体育教学是有效的，犹如当前的应试教育，但却是没有“意义”的。因为，丰富和完整的教学生活，在这个教学论视域中消失了。它能积累人的知识，却抑制了学习自身内在的发展目标——能力。其发展原理过分依赖外部“强化”的条件，把行为“刺激”作为发展的中心驱力。

朴素形态的行为主义教学论衰落是因为它在生物的圈里画圆，但这一缺陷颠覆不了其对“人世”的贡献。行为教学理论关注与研究环境对个体的刺激并没错，因为刺激是客观存在的。学习的发生是个体与环境因素相互作用的结果。通过对动物学习行为的观察、实验得出“刺激—反应”的学习行为及试误的学习方式。人类的学习、实践不管如何特殊，与动物的学习行为必然有相关联的一面。人同动物一样，不仅有无条件反射，而且有条件反射，建立在条件反射基础上的“刺激—反应”的学习行为，并不会因为人类建立起特有的第二信号（语言）条件反射而自动消失。

体育动作技能的形成，很多是建立在试误学习基础上的，是可以用“刺激—反应”的学习原理加以解释和说明的。动作示范、模仿练习仍然是体育学习有效的方法和手段。体育动作技能形成规律、环境条件、刺激强化依然是体育学习的重要因素和根本条件，在体育学习中发挥着积极作用。

行为教学论在体育教学应用的特点就是要求教师掌握塑造和矫正学生行为的方法，为学生创设一种环境，尽可能最大限度强化学生的优良行为，消除不良行为。如对学生的优良行为及时给予强化——赞赏、表扬、榜样示范等，使学生保持这种行为，消除不良行为。对于困难学生的学习，可把学习目标分解成很多小任务，并且一个一个地予以强化，帮助学生尽可能做出正确反应，使错误率降低到最小限度，从而提高学习效率。如体育教学总是按照统一进度教学，很难照顾到学生的个体差异，影响学生的自由发展。但如果能灵活运用成功教学法、程序教学法等，以学生为中心，鼓励学生按最适合自己的速度学习，就会收到较好的教学效果。总之，行为学习理论有很多原则和方法值得我们学习、领会，根据实际情况加以运用，以收到事半功倍的学习效果。

（二）认知主义教学观

由于人类学习实践是极其丰富极其复杂的，“刺激—反应”及直觉顿悟只能解释人类知觉水平上的一些学习行为，而对人类学习同时伴有的思维水平上的学习行为就显得无能为力了。于是当行为主义教学理论在20世纪初风行时，另一种认知主义教学理论流派于20世纪60年代也发展起来了。

认知主义教学观先后经历了传统认知心理学和现代认知心理学两段历程。

第一，以传统认知心理学为基础的教学论有以格式塔心理学为基础的顿悟理论，如科勒的学习论。

第二，以场心理学为基础的认知场学习论，如勒温的学习论；以信息加工理论为基础的信息加工学习论，如加涅的累积学习理论；以现代认知主义心理学为基础的认知学习论，如皮亚杰的建构主义学习论、布鲁纳的认知结构学习理论、奥苏伯尔的认知同化学习理论等。

认知教学论针对行为教学论的偏差提出批评：学习是学生内部心理认知结构的形成和改组，而不是“刺激—反应”联结的形成或行为习惯的加强或改变，探讨的主题是学生内部心理结构的性质，学生智力变化的迁移。认知教学理论以认知心理学和认知学习论为基础，曾于20世纪60年代在西方掀起了以认知论为主流的教学改革运动。在这一思想命题下，涌现出结构教学法、暗示教学法、发现教学法等教学方法和手段。

存在的问题与不足：认知教学论对克服行为教学论“刺激—反应”的机械观点，是有着积极贡献的。既从认知理性开启了教学的新认识，契合了时代对知识的要求，同时为未来新理论的兴起奠定了基础。但认知教学论滞后于认知属性，把学习终极归位于“内部心理结构的性质”，与行为教学论封闭于“刺激—反应”的一端一样，也是不足与有所偏颇的。认知教学论的体育学习包含“教”的环节，缺少“习”的环节，只强调人的认识活动，割裂了知与行的学习关系，导致把人类学习描述得过于简单、机械，以为教学活动就是单纯的认知积累。只须按照心理认知实施教学方法，便能进入一种高效率的学习，使学生达到教学目标，忽视了人的学习发展既是个体的又是社会的，个体的知识建构过程和社会共享的理解过程是不可分离的，遗忘了个体的发展是自然属性与社会属性的统一。换言之，学生的知识、技能、智能、情感、思想品德、体力等，并不是一部分一部分割裂地、孤立地培养的，仅从知、情、意、行等某一具体方面进行学习是不会获得教学成功的。

所以，要使体育学习更加具有“和谐性”，就必须在“会”和“乐”设计上下功夫，让学生享受到愉悦的体验。这一点做得好，教师最优化的传授才能转化为学生最优化的接受。认知主义教学理论虽然没有完成这一任务，但它却唤起了建构主义教学论等对这一命题的兴趣。

由此可知，知识取向的教学理解遵循的是“目的论范式”的准则，这种范式只注重达到目的的手段是否有效，而行动目的本身是否合理却不在其视野之内。目的是给定的，不是反思的。这就潜藏着一个危险：追求知识和技术，忘却人的存在和生命的意义。虽然在一定程度上发展了学生的身体，但是窄化了课程的发展目标，疏离了体育课与“快乐”和“人”的联系，把丰富多彩的体育学习变成了流水线操作式的程序化、规格化、积累化和同一化学习，违背了体育教育规律，是一种低认知的教学，降低了体育教学的地位。这种范式存在的问题是把学生学习作为消极受训的被动行为，课程的评价标准核心是追求对人最大化的控制和管理，其消极影响不仅在于学科内容的单一化，更为持久、深刻的影响是教育学思维方式的教条化和僵化。其自身虽带有不可避免的缺陷，但客观上却促使了体育课和学科教学实践课迈向了科学化发展的道路，其认知教学的思想为体育教学现代化做出的贡献是不可磨灭的。

体育知识取向的教学论经历了第一代和第二代的发展历程，其模式主要由对象、目标、策略和评价四大要素构成。

第一代显著的特点是以达尔文生物进化论、条件反射线性设计和直观顿悟决定论的理念为支持的。其教学理论与实践模式的主要标志：在学习理论方面它是以行为主义的联结学习（刺激—反应）为理论基础。其特点：在教学设计过程中应强调四个基本要素，着重解决三个主要问题。四个基本要素：教师、学生、教学媒介和教学评价。三个主要问题：教学目的是什么？教学策略与教学媒体是什么？测量什么？评价什么？

第二代教学理论与实践模式是以“联结—认知”学习作为理论基础。其显著特点是基于客观主义、认知层级关系的线性设计和学生与条件关系的决定论理念。该模式是在第一代教学理论模式基础上，汲取了心理学的大脑认知研究的优点，并结合认知层级关系对教学内容的重要影响而发展起来的。

二、能力取向的教学嬗变与争鸣

社会生产力水平的迅速提高与新生产力发展的新要求，催生了终身教育的思潮，发现学习理念、多元智力理论、建构主义学习理论等多种教育理论被世界各国普遍所接受和认同。这引发人们认识到体育集体教学法在扩大教育范围、提高教育效率、培养社会所需要的大量统一性人才方面是十分成功的。忽视课堂教学不利于人的全面发展，无法满足新时代社会对人的要求。体育教学应从一种稳定的传统教育态势向全面教育迈进。所以，如何在班级授课制的基础上推进体育教育，发展学生的能力就成为体育教学需要探讨的问题了。

（一）建构主义教学观

由于知识取向的教学理解对教育意义的“能力”有限制且不完备，不能契合社会新技术革命进程，把知识变成能力，因此促使时代呼唤新的教学认识。进入 20 世纪，随着信息论、系统论、控制论等科学思想的涌入，使教学逐步从行为主义教学论和认知主义教学论的机械思维中解脱出来。教学研究领域也走出了仅作为教育心理学之应用学科的狭隘领域，开始运用多学科的话语来解读教学的无尽意义，越出了历史悠久的传统教育所规定的界限。它正逐渐在时间上和空间上扩展它的真正领域。在这一领域，教学活动逐渐成为主体。

建构主义教学论强调参与者教学观取代接受者教学观，知识不再是纯粹客观的、普适的简单规则，而是与个人的参与相关。学生生活及其个人知识、直接经验也可作为教学内容的一部分，一起参与对教材知识的理解。个人的热情、个人的探究、个人的见解都构成知识必不可少的部分。

因此，建构主义教学论认为，教学的立足点应“为理解而教”“为学习而设计”。以学生主动建构知识为中心，尊重学习的个体差异，注重互动的学习方式，充分发挥主体性、能动性、创造性，促使学生在参与中获得知识，在开放的对话中获得新的理解。使学生在这一过程中投入自己的热情、困惑、烦恼、欣喜等个人情感，从面向知识结论转向在丰富的、复杂的真实情境中体悟知识、生成知识。以大量的附着知觉等隐性知识系统做支撑，在不确定的、复杂的情境中亲自探究、发现过程之美，而不再是对结论的记忆。这些正是时代发展对教育提出的迫切要求。所以，建构主义教学论一问世就受到世界各国的极大关注。

这些理念为体育教学的再认识提供了新视角，为体育教学的再生长注入了改革的活力，形成了新的教育视域。因此引发了体育教学的教育目标、课程与教学的不断调整以适应这一挑战，涌现出选项教学、合作教学、探究教学、分层教学和支架教学等教学方法，启发人们认识到体育教学是知识与技能、过程与方法、情感态度与价值观教育共生的结果。任何教育，如果只重视一部分人的能力并且围绕它来组织课程教学，把它视为完整标准而过分强调，那么这种教学就不可能成为最好的教学。重新审视学科教育的属性与作用及其在学校教育的位置，弄清体育教育与人的素质和社会可持续发展之间的关系，以体育为媒介将不同文化属性整合到课程与教学中去。从学科的特点出发，努力探寻“学科教学观与学习主观能动性的研究”“学科科学性与人文性的研究”“学科教学活动的丰富性与教学目标价值取向多元性的研究”“学科知识观变化与学习方式变革研究”的新路子，考虑体育教学“德智体”多因素育人的潜在因素，把德育、智育、美育等有机地统一在体育教学活动的各个环节，才是最根本的价值所在。

存在的问题与不足具体如下：

（1）建构主义教学论的视域受认知论的羁绊，没有注意教育主导作用的偏差，如“以学生为中心”并没有错，过于强调学生的个别性，否定教师的作用，容易造成教学的放任自流。

（2）学生的知识大部分都是从学校获得的，而不是自我建构的，所以在中小学时期接受学习比发现学习占优势。如中小学体育课堂教学应以传授间接经验为主，而不是以学生自我建构知识为主。建构主义把对知识建构的认知植根于学生是狭隘的。这一知识观只关注知识产生过程的主观性一面，没有注重科学知识的传播性和真理性不足的一面。

（3）建构主义理论评价体系缺乏统一性，不完整，难以操作，表明其思考还远远不够深入，还需要不断地完善和发展。但其为体育教学摆脱惰性知识的困境而再发展指明了一条道路。

（二）多元智能教学观

人类有八种智能，智能的不同组合只是表现出个体间的智能差异。不存在谁比谁更聪明，只存在谁在哪一领域、哪一方面更擅长的问题。正是由于不同智能之间组合的不同，人类才会拥有苏格拉底、爱因斯坦、毕加索、乔丹、帕瓦罗蒂等不同领域的杰出人物。多元智能理论的提出使人们摆脱了传统智商理论把人分成三六九等的局限，深入理解了人类智能的本质。揭示出智能组合的不同，学生学习的表征与方法也不同。它表明，传统“一刀切”的体育教学与学习方式严重阻碍了学生的个性发展。要考虑学生之间的个体差异，尽可能为每一位学生设计适合其发展的教学与学习方式。

教学应该提高学生对所学事物掌握、转换、评价和迁移的能力。教学的实质就是使学生充分发挥其探究、发现的能力，从而获得知识发展能力。在教学中，最好不要把学生当作被动的接受者，而要把学生当作主动参与知识获得的人。

教学的意义在于：帮助学生形成知识、技能、技巧；形成世界观的信念；达到一定的教养、文化教育水平；发展学生的才能。这些观点启示人们要改变以往的体育教学观，在教学思想上树立欣赏学生的理念。教师要多发现学生的优点，多给学生以鼓励。要走出统一进度、统一负荷、统一传授和统一掌握知识的误区，要根据学生智能的不同因材施教，实施个性化教学。需要注意的是虽然建构主义教学论、多元智能理论的教学实验日益高涨，但其自身还处于建设之中，尚未派生出丰实的教学体系，误用和滥用无疑将严重阻碍和影响其真实功效的发挥。

三、解放取向的教学嬗变与争鸣

学习与人性的探究与争论一直是古今中外哲学家关注的问题，教育理论界也是。自由个性是人的个性发展的最高阶段，并把实现自由个性作为人类的宏伟目标。

1972 年联合国教科文组织发表了《学会生存——教育世界的今天和明天》一书①，指出“教育即解放”“教育能够是，而且必须是一种解放”。1976 年，该组织又提出了《关于教育发展的报告》，那就是“教育在历史上第一次为一个尚未存在的社会培养着新人”，这些命题纷纷指出了教育的个性职责、解放人的潜在能力、挖掘人的创造力、促进人的全面发展应该是今天和未来教育的首要任务。它拉开人类社会由知识取向的教学理解（侧重于知识性积累的拥有）、能力取向的教学理解（侧重于知识的把握与创造）开始迈向解放取向的教学理解（侧重于解放、发展个性的自由）的帷幕。

在这一背景下，人本主义和后现代主义的个性教育教学论应运而生，并得以广泛传播，得到世界各国教育界的关注，也成为当今国际教育发展中最为响亮的口号和研究的热点。

（一）人本主义教学观

在教育的发展过程中，一般认为，在工业革命初期教育的任务是以积累知识为目的，在工业革命后期教育的任务是把知识更好地变为能力。随着工业革命的进程迈入 21 世纪的信息社会，一些教育家开始意识到目前的教育形式从根本上说只是要提高社会生产率和劳动质量，满足人类的物质需要。而未来人类社会的发展则要求以人的发展和幸福为目的。人的个性发展才是人类自身孜孜以求的目标。教学的目标既不应是教学生学会知识技能，也不是教学生学会怎样学习，而是要为学生提供一种促使他们自己去学习的情境，促进个体学习的自我实现。

人本主义教学观认为只有个性解放的教育才是永恒的追求，体育教育的使命应是解放而不是控制。传统体育教育过于把学习集中于大脑的识记过程，使学生成为如镜子一般的动作映射器。这种着力于练习的填鸭式教学，使体育学习异化为一件很无趣的事情，忽视了学习对成长过程的直接经历与体验。学习过程是以人的整体心理活动为基础的认知活动和情意活动相统一的过程。如果没有个性的精神自由，学习任务不可能完成；学习活动即使发生也不能维持。

体育教学的乘数效应不仅仅在于关注教学过程是一个完成知识学习的过程，还是一个蕴含着丰富情感、人生哲理的教育性使命过程。体育教学可以分为三个阶段去实施这一目标：一为运用多样化方法的练习阶段，使枯燥的练习变得津津有味；二为挖掘教学内容的情趣美和着力于教学过程激发学习积极性的阶段，使沉闷的学习变得生机盎然；三为复现

---

① 联合国教科文组织国际教育发展委员会：《学会生存——教育世界的今天和明天》，教育科学出版社 1996 年版。

知、情、意、行多维知识面孔，让学生“享有”懂、会、乐的学习与体验阶段。

（二）后现代主义教学观

20 世纪 70 年代以来，西方发生了重要的“教育学范式”转换，这一转换是由寻求普遍性的教育规律转向寻求个人情境化的教育意义。众多理论家以后现代主义思想为武器，对现代课程理论范式进行了深入的批判与重构，并提出了一些富有建设性的实践建议。如关注学生作为“整体的人”的自由发展理念，注重激发“学习文化”的体验和深层意义；摒弃灌输式，提倡课程多元与回归生活世界，重建合理的师生、生生关系，促进交往对话，寻求个人理解的知识建构，推崇建设富有个性的学校文化；如质疑现代知识的合法性、反对教育秩序的客观性、批判科学理性在教育中的作用、破除教师教育的作用等。虽然不可否认在这些理念中，破多于立，具有相当多的不完善之处，但后现代主义作为一种矗立于时代潮头的大“思想范式”，无疑为解放思想提供了一个有益的视角和崭新的尺度。

第一，学习是学生对自身经验的不断认识、反省与改造，因此教学应是个性的、多元性的、开放的。教育培养能够享受体育娱乐、能够理性锻炼、富有个性运动特色的人。恰如美国要素主义教育家巴格莱所言，“个人经验比知识更重要，教育的可能性取决于个体利用知识以应对现在和未来环境变迁的能力”。因此，体育学习应是一种鼓励，是一种愉悦，是一种解放，而不是责备与强制。针对有些教材内容枯燥的部分，本来可以变化一下，让学生先玩后练，最后在实际教学中却只练不玩；有些教学内容和组织形式本来可以让学生自由选择一下，最后要强制；有些场地器材、规则、难度、强度本来可以改变一下、降低一下的，最后常常墨守成规；学生在学习中发生一些事情，本来可以先鼓励后批评的，而很多教师一味求全责备。这些都会影响学生对体育学习主体的接受，最终降低学习质量和兴趣。

第二，学习是境域化的、个人化的，因此设定唯一的标准答案去评价学生，只能是扼杀其积极性和创造性。教学不是“跑道”和线性的逻辑，学生不是机器。教学不是控制，应是解放，是师生平等的对话，教师是引路者和共同成长的伙伴。因此，体育学习与教学组织的形式要自由组合、自由选择练习手段和自由支配练习时间，体育教学应该让学生感受、体验和理解自主学习的自定目标、自主评价、自我调控。体育教学活动，是师生之间、学生之间交往互动与共同发展的过程。

值得注意的是，人本主义教育、后现代主义教育并不仅仅提出了一种新的解释，更重大的意义在于它们给传统体育教育观念带来的巨大冲击，可为体育教育理论研究与体育教育实践的改革和转换带来新思想、新观点、新活力，能够为我们提供一个从全新的角度来理解 21 世纪体育教育的方向与使命，进一步推动体育新课程理论与实践的发展。这一点对于我国正在开展的体育新课程具有重大的意义。这个理论也存在着一定的不足，对教育教学静态性的描述缺乏对教育教学的动态性实践，还有待于进一步研究和完善。

第三节　体育教学的要素与意义分析

一、体育教学的基本要素

体育教学由八个基本要素组成：教学目标、学生、教师、教学内容、教学过程、教学环境、教学方法和教学评价。

（1）没有目标的教学不能说是有目的、有计划的教育活动，体育教学目标是教师掌控体育教学的依据。在体育教学实践中有多层次的体育教学目标，体育教学目标是体育教学的定向和评价因素。

（2）没有学生就没有必要组织体育教学，学生是体育教学中的主体因素，也是最活跃的因素。

（3）体育教师是体育课程设计的参与者、课程的实施者，也是完成教学任务的责任者。

（4）体育教学内容是由内容的实体（课程）和内容的载体（教科书）共同组成的，它们是体育教师根据社会要求、学科体系和学生的需要选编出来的体育教学内容。

（5）教学过程是体育教学中的时间和流程因素，也是教学的最核心要素。

（6）没有良好的体育教学环境就会影响体育教学的质量，有时甚至会严重影响体育教学的正常进行。

（7）教学方法与目标、教师、学生等因素有着密切的关系，帮助学生理解学习内容的各种信息及其传递方式。

（8）体育教学评价与教学目标、教师有着密切的关系，是教师根据目标制定的各种评价指标，这些指标有评价教师“教”的方面，也有评价学生“学”的方面。

二、体育教学的意义

（一）清晰辨别体育教学现象

体育教学受多种因素共同影响，是汇聚着教与学因果现象的复杂的集合体。人们常常无法认清体育教学的本质，影响判断和评价体育教学工作。所以，学好体育教学论可以清晰地辨别各种体育教学现象。

（二）统一体育教学概念

体育教学作为一个专业的科学范式，必须有明确的归属性指导教学活动：为帮助人们对体育教学有一个更加系统的理解和把握，避免可教性的偏差。但长期以来，体育教学概念和术语的运用一直比较混乱。所以，只有统一地理解和运用各种概念和术语，才能站在一个共同的平台上来研究体育教学。

（三）认识体育教学本质

由于体育教学是一个复杂的教学现象集合体，教与学的因果关系相互制约，常使我们迷惑于其中。所以，我们必须把握规律，从整体上认识体育教学的本质，建立起宏观与微观、局部与整体、理论与实践相互统一的整体教学观，提高应对体育教学实际问题的能力。①

（四）掌握体育教学方法

体育教学论是一门实用性较强的学科，包含知识的选择、分类、组织、分配、评价等实践过程的操作，教师、学生和媒介三者属性共用关系的处理。只有掌握体育教学方法，提高教学技能，才能把握新观念的变化和新方式的转换，做出更为科学的体育教学设计。

（五）掌握体育教学理论

只有学好体育教学理论，直面教育变革的理解的转向，总结教训经验，才能学习理论、应用理论、贡献理论，不断走向新高度。

（六）推动体育教学研究

随着我国教育改革的不断深入，体育教学中出现了许多新矛盾、新问题、新现象和新特点，系统地学习体育教学论可以帮助师生发现问题、研究问题、解决问题，不断提高自身素质和能力。

---

①　毛振明：《体育教学论》，高等教育出版社 2017 年版。

第四节　体育教学的改革与发展

一、传统教学论与现代教学论

对于传统教学论和现代教学论的含义，目前在教育理论界还没形成统一的认识，区分的标准也不尽一致。因为“传统”与“现代”本来就是一对相对的概念，所以，区别“传统”与“现代”应以是否反映某一时代社会变革和科学技术的最新成果为标准。凡是自觉地反映那一时代社会变革和社会科技成果的都是“现代”的，而未曾反映的则属于“传统”的。

（一）传统教学论的思考

根据“本质—观念—存在”的逻辑结构，对于传统教学论基本范畴进行梳理和比较、归纳和概括、研究和确认，可以从中发现传统教学论基本范畴以“教授之术”为出发点，来统摄教学、教和学、教学原则、教学方法、教学组织形式等概念范畴。传统教学论有三个基本范畴：统觉、管理、教学。它的逻辑起点为教学，而基本概念和范畴则为教学、教学过程、教学目的与任务、教学内容、教学原则、教学方法、教学组织形式、教学评价等，并以这些基本范畴演绎和构建其教学论体系。在运用这些基本范畴的逻辑展开体系结构时，传统教学论遵循了这样的顺序，即教学的概念、意义、任务，教学过程的本质、特点。最后是对实践的可操作性的理论阐述，包括教学内容、教学方法、教学原则、教学组织形式、教学评价等。教学过程的实践便有著名的“明了—联想—系统—方法”的四段教学法和“感知—理解—巩固—应用”的教学过程。因此，传统教学的最大特点就是授与受，教学方式以教为中心。教师在选用教学方法时考虑最多的是“如何教好一节课”，具体有以下论纲与表现：

（1）主要根据给定的内容进行教学，把教学内容看作传授的最终目的或者是塑造学生的一种工具。

（2）上课时，强调循序渐进地组织教学。

（3）要求学生熟记知识点，因为掌握知识点是学生学习任务所在。

（4）强调学生的模仿能力，模仿能力的高低是评价学生学习好坏的指标。

（5）强调教师的言语与机械的刺激、强化作用。

（6）强调权威，主要包括教师的权威和班级制度的权威。其操作模式为教师—学生的单向交流，主要关注教师如何教，甚少涉及学生如何学。

（7）知识内容的封闭式——仅限于教材；人际关系的封闭式——仅限于教师与学生之

间的单向交流，忽视了师生、生生之间的多边交流；课堂气氛的封闭式——强调权威和井然有序。

综上所述，传统教学论已走向成熟，也加强了对学生心理的研究。但由于受研究者世界观和时代发展的局限，传统教学论从一形成就带着先天的不足和缺陷。单一的教学过程阶段理论强调“知识就是力量”，把一切知识教给一切人，这是几百年来人们一直信奉和遵循的教育理想与实践指南。这种以知识教育为核心的教育理念及其实践，逐渐暴露了它的不适应性和局限性。最突出的问题就是，它导致基础教育包括课程、教学和评价体系，逐渐演变为一种以“应试升学”“智育至上”为主要价值取向的教育模式。

传统教学论体系以教授之术为出发点，以教师为核心作为指向，长期以来使教学成为知识的“弄潮儿”，学生从而成为教学材料的接受者，使学生从话语权到学习行为，再到学习思维都拘泥于“唯师是从”，缺少独立能力和创新，趋于保守，难以适应社会发展对能力的要求。如有一位教师问学生，雪融化了以后是什么，很多学生回答是水，但有一位学生回答是春天。这位教师不仅没有赞扬这位学生，反而评判他的答案是错误的，因为答案是雪化了以后变成水，这种知识权威性压抑了学生个性的发挥。教师为完成统一的教学目标，常常以标准化的方法试图把学生培养成符合统一的要求。

传统体育课程与课堂教学存在以下问题：一是过分注重体育教师的表演；二是过分要求学生的整齐划一；三是过分注重教学设计的统一；四是忽视学生的感受与尊严；五是忽视体育课堂中的情感活动；六是过分注重体能与技能的结果，忽视过程与方法；七是在教学方面，统一进度、统一标准、统一负荷、统一要求。

（二）现代教学论的思考

1. 现代教学观的思考

与传统教学论相反，现代教学论的立足点是“会学”，逻辑点是“能力”，终点是“发展”。把知道“知识是什么”改变为“知识是为什么、做什么”。教育不应仅限于给予学生坚实的知识基础和培养他们对学习的兴趣，更要培养人的行为和能力并深入精神生活。把学会认知、学会做人、学会做事、学会生活作为检验真理的标准。因此，现代教学论有以下论纲与争鸣：

第一，否定传统教学观。传统教学观中，教师的职责是教授教材的内容，以知识积累为导向；以统一内容、统一进度、统一要求为指导，把学生当作“标准件”；教师不仅是教学过程的控制者、教学活动的组织者、教学内容的制定者和学生成绩的评判者，而且有绝对的权威性。

第二，倡导现代教学观。现代教学是人的教学，是教人的。学生是有生命的、有个体差异的，要重视个性化教学。教学过程也是教师生命成长的过程。教师是教学活动的设计者、组织者、管理者，起主导作用，但是“导演”不是“主演”。人的成长是有个别差异的，要善待、允许个别差异的存在，要给予学生不同的选择。现代教学提倡多一把尺子，多一批人才，面向全体学生，让每一个学生都抬起头来走路。①

对此，现代体育教学的理解是体育教学不仅要重视运动技能的传授，更要关注对运动技能的应用体验和顿悟。也就是要把学生知识、思想、感受、情绪等融合在一起，不要陷入传统低水平的事实知识的传授，流于片段性了解与机械记忆。要体现教学是发现、体验、领悟，而不是约束、强制、命令。

2. 教学行为的思考

体育教师的教学行为将发生一些变化：

第一，要由体育教学的固定化向个性化转变；要由齐步走向差异性教育发展；从过去被动的执行者，变成主动参与课程设计的决策者。

第二，要由重传授向重发展转变；要由重体育教师的教向重学生的学转变；要由重结果向重过程转变；在对体育与健康课程目标的认识上，从只关注学生的运动能力表现，变成全面关注学生的发展。

第三，要由居高临下向平等融洽转变；在对自身角色的认识上，从等同于一个从事运动技术教学的教练员，转变为促进学生全面发展的、真正意义上的教师。

3. 教学方法的思考

在这一背景下，将促使体育教学方法发生一些变化：

第一，从过于强调接受学习、机械训练，到引导学生主动学习；从强调“教”转为强调“学”，“教”的目的是为了最终不教或少教，是为了学生能自主学习。

第二，在师生关系方面，从教师决定学生应该学什么、怎样学，转变为教师与学生成为合作学习的朋友。

第三，在学习进度方面，由过去教师统一制定的进度，转变为学生可以根据自己的程度选择教学进度。在运动项目的选择上，从规定的几个项目转变为学生可以根据自己的兴趣、爱好选择体育运动进行学习。

因此，体育教师教学方式将发生这样一些变化：

体育教师应与学生积极互动、共同发展，注重学生的独立性和自主性，在实践中学习。体育教师要创设丰富的教学情境，营造轻松的课堂气氛，教学活动具有创造性，因势利导。教师不仅要关注学生群体，而且要关注学生个体；不仅要关注学生的知识技能与体能，还要关注学生的态度、情感和价值观；不仅要关注学生的现在，而且要关注学生的未

---

① 冯婉娟：《传统体育教学论与现代体育教学论研究》，《贺州学院学报》2008 年第 24 卷第 4 期，第 101–103 页，第 106 页。

来；不仅要关注体育课程内容与学生生活及社会发展需要的联系，而且要关注学生的学习兴趣和经验；不仅要倡导学生主动参与，乐于探究，而且要培养分析与解决问题以及交流、合作的能力。

（三）传统教学论与现代教学论的特点与区别

1. 体育传统教学论的特点

传统教学论经历了几代教育人的努力与心血，其体系相当完备并有深厚的实践基础，概括起来，其理论体系的特点与表现为：

第一，传统教学论首先关注的是教师的“教”，即课堂知识的传授，在教学内容上重视按照学科逻辑顺序组织教材，强调以教材为中心，实行分科教学；在教学方法上，主张教师的课堂讲授和学生的接受学习；在教学组织形式上，强调课堂统一教学。所以，传统教学论遵从教的过程和顺序来建构其理论体系。

第二，在师生关系及地位方面，传统教学论强调教师权威至上，教师在教学中起主导作用，学生要服从教师。

第三，传统教学论强调对教学的概念、意义、任务、教学过程的本质、特点以及教学论的学科性质等理论性问题进行探讨，以及对实践的可操作性的理论进行阐释。总的来说，传统教学论与教学实践之间是存在一定差距的。

基于这一视域，传统体育教学论的体系特点与表现有以下六方面：

（1）体育教学由于受传统体育教学思想影响，在教学内容安排上，仍存在着内容狭窄、陈旧、脱离实际等问题。过于注重运动技术和生物体的改造，忽视了为终身体育服务的宗旨。

（2）体育教学理论单一，在方法论上趋向极端。在学习的过程中，未能很好地结合自己的国情加以创新。

（3）体育教学在指导思想上突出三个中心——教师、课堂、教材，只是向学生传播和灌输体育知识和技能，忽视了学生个性的发展。体育教学程序化、成人化、训练化，学生成为教学中的被动主体。这种教学思想严重影响了体育教学质量和人才培养质量。

（4）在确定体育教学目标的任务上，过分强调社会政治的需要，把学生作为工具。难以给其他教学目标更多的空间和时间，忽视了学生的全面发展，未能体现我国体育教学的特点。

（5）体育教学过程突出强调以学习掌握运动技术为主要内容，并通过技术练习进行体质教育的方法论。由于注重运动技术的学习，形成以传习技术为中心的模式，限制了学生个体需要和自主学习的积极性，教学效果较差。

（6）在教学方式上，单纯依靠条件反射形成过于强调讲解、示范的单一的灌输式教学模式。在教学方法上，推崇“统一进度”“统一负荷”“统一要求”，以“超量恢复为原理”，以增强体质为中心。在教学内容上，过于注重运动技术和生物体的改造，忽视了为终身体育服务的宗旨。客观上将增强体质与传授运动技术、传播体育文化等对立起来，这是极不可取的。

2. 体育现代教学论的体系特点

现代教学论是在对传统教学论反思批判的基础上产生的，其理论体系表现出一些新的特点：

（1）与传统教学论不同，现代教学论首先关注的是学生的“学”，关注学生的自主探索与积极参与知识的建构；强调学生的个体差异，主张按照学生的认知特点和兴趣爱好进行教学；关注学生认知的整体性特点和学生的生活实际，强调综合课程；在教学组织形式上，主张小组活动和学生间合作学习。所以现代教学论是以学生的“学”为逻辑起点，构建起“以学为本”的现代教学论体系。

（2）在师生关系及地位方面，现代教学论强调学生在教学活动中的主体地位，一切以学生的学为中心；教师不再是知识的权威，而是学生学习的合作者、帮助者和促进者。学生有对权威质疑的权利和自由，所以，现代教学论的最大特点就是关注学生的个性、生命、情感。

（3）现代教学论以“教学—人—存在”的逻辑为起点，以教学实践中的“学习解决”为目的，以可持续发展为价值基础，以学习、教学活动联结为范畴，把教学目的、教学任务和教学过程、教学方法与“人的存在”构成理论体系。这一体系使现代教学论永远“为学习而设计”，充满生命活力。

基于这一视域，现代体育教学论的体系特点有以下几方面：

（1）以基于人的自由、充分的全面发展为基本价值取向，体育教学目标向多元化方向发展，体育竞技性、娱乐性、社会性将更进一步地显现加强，以适应社会发展对人才培养的需要，体现出体育教学以人为本和人文性的回归。

（2）以健康第一为指向，以三维目标为框架，体育教学向整体化、效益化、科学化的综合方向发展，为体育新时期的教学改革与持续发展提供存在的基础和意义。

（3）以尊重并提升人的主体性为出发点，体育教学向多层次性方向发展，满足不同学生对知识内容和结构的要求。

（4）根据不同学生的水平，分别制定出教学的不同标准、不同模式的评价标准，由重“结果”向重“过程”转变。

（5）以掌握体育科学知识和终身体育为主，体育教学向开放性方向发展，把学校、家庭、社会联结起来，构成大体育的课堂理念。

二、传统体育学习方式与现代体育学习方式

（一）传统与现代学习方式

（1）传统学习方式以接受知识、记忆知识为论纲。学习方式单一，属于低认知机械记忆的层次。只构建了个体的基本认知心理结构，遏制了高层次发散思维与非认知心理结构的统一发展，没有把学习看成培养智力和发展个性的统一。可以认为传统学习方式有点像盲人摸象。抓住学习的某一方面误当成整体，似乎有道理，其实是局部之理不能臻于全面发展。

（2）现代学习方式以“主动参与、乐于探究、交流合作”为特点，以发现知识、学会学习为论纲。知识时代对个人而言，最重要的不再是固定知识的获得，而是获得知识和处理知识的能力。长期以来，我国基础教育过于强调以接受学习、死记硬背、机械训练为特点的被动接受式学习方式，要对这种状况进行改革，建立新的学习观和学习方式，需要注意以下三点：

第一，新课程对现代学习方式的描述虽然有了很大进步，但是也没能够进一步分清层次与维度。针对传统学习方式的被动性与单一性的两大特点，学习方式变革的目标就是要追求学习方式的主动性与多样性，即现代学习方式应当具备主动性与多样性两大特点。主动性特点对应于学习方式的第一层逻辑分类维度，学习方式的动机、情感、态度的层面；而多样性特点相对于学习方式的第二层逻辑分类维度，是学习方式的策略方法层面，即学习方式的变革是要变学习方法策略的单一记忆性为多样性，变学习动机、态度、情感的被动性为主动性，最终在技术层面和精神层面上实现现代化的转变。真正的学习经验能使学生发现他们自己独特的品质，发现自己作为一个人的特点。

第二，学习方式尽管具有稳定性特点，但由于受到社会、家庭、学校教育方式的影响，它不是固定僵化、一成不变的，而是可以改变的。在体育教学中，不能整齐划一地要求所有的学生都要采取某种专家们自认为最有效的学习方式，而要根据具体的教学和学习情境，指导学生采用最适合或比较适合的学习方式。

第三，学习方式不是学生拿来就用的“学具”。它是以学生个体的身心发展为基础，并潜移默化地受学生所处的学习环境的影响，在教师指导和训练下，逐步形成和完善起来的。所以，不能片面地仅把学习方式看作完成特定学习任务的工具或手段，更不能把学习方式的转型看作简单的事情，要充分认识学生的个体特点、环境及教师的有效指导对学生学习方式形成与转变的影响，加以有效迁移方可顺利实现学习方式的建立与完善，促进学生学习能力的形成。

综上所述，对传统与现代学习方式的研究，如普遍性的必然对学习方式变迁的背景、构成思想的情境进行分析和探讨，就去对学习方式品头论足是毫无益处的。反思不能只限于所见到的那些概念或陈述，还应包括使这些概念或陈述得以诞生的背景。现代体育学习方式从反对两元对立的角度解释新旧学习方式的关系与构建，提出了学习方式犹如一块可以随时代迈进多次擦去字迹的黑板，它渗透在过去、现在、未来之中。主张学习方式是一种“历时”兼“共时”的建构，这两个视角既相辅相成又各踞一隅。因此，对于学习方式，不要简单地看待，应有前事是后事之师的辩证观点。应通过传统学习方式走向现代学习方式的历史来把握学习方式的意义。

（二）体育学习方式

1. 第一阶段

第一阶段体育学习的特点是重练习、重形态、重经验，初始学习较枯燥。围绕这一特点，该阶段体育教学要为学生提供多样化的练习。多角度、多方式改变单一的学习模式，多方面、多层次地营造学习环境，激发学生的运动兴趣，促进学习能力的形成。安排不同的练习让学生遗忘学习过程中的枯燥，为学生的体育认知和情感的培养等奠定基础。现在我们在体育学习中常常只强调学生完成体育学习的任务，而很少追问学生的情感反应，是不会获得成功的。

2. 第二阶段

《论语》的《学而》篇中说：“学而时习之，不亦说乎？”不仅指出了学习过程中须知行统一，更强调了学习所获得的愉悦的情感体验。因此，该阶段体育教学的组织形式应重视挖掘学习内容的情趣美和教学组织过程的快乐享受。努力利用教学资源激发学生对学习的热情。在教学中实现个性学习，建立自由学习的“度”、释放自主学习的力量，着眼于形成知识传递的教学环境，关注学生的潜能，支持基于学生自身展开的分层教学。

3. 第三阶段

第三阶段体育学习方式需要重视依靠情感整体协同机制的支持、运用和关注、培育，尽量制造有助于形成体育习惯的条件，以帮助学生养成终身体育的意识和积极的人生态度。例如，帮助学生理解“每天锻炼一小时，健康工作五十年，幸福生活一辈子”的含义。学生爱学，教学才有意义。因此，该阶段体育教学的模式为“授人以渔”，采取多种教学措施，使教学方式适应学生的个体差异。帮助学生学会学习，教会学生在课外享受运动，体验运动的快乐。实践证明，没有养成运动的习惯，就不会产生对体育的热爱。

三、传统与现代体育教学方式

（一）体育教学方式的构成与实施

1. 教学方式的概念

一般说来，涉及定义的方法问题，常采用“种概念+属差”的方法。首先，要确定它的上位概念（种概念），其所属的概念系统；其次，要明确它的内涵，即这个事物区别于同一系统中其他事物的属性（属差）；最后，划定其外延，即包含哪些具体的东西。其中，如何揭示概念的内涵是关键所在。依据这一思路尝试对教学方式给出以下解释与定义。

第一，教学方式是一种价值观。它可以唤起某种预期，传递一种信息：如果以某种方式做出反应，就可以得到某种效果。它是教师对教学活动认识的客观表现，隐含折射着一种教育理念。如具有现代教育价值观的教师就会采用“以学为主”的教学方法和形式。反之，如具有传统教育价值观的教师就会采用“以教为主”的教学方法和形式。

第二，教学方式是选择教学方法与手段的形式表述与细化，是衡量教与学要素、功能和关系的尺度。其上位承接理念的归属与界定，下位对接实践应用的效力与实现。例如，“关注学生的学习过程，实现教学方式和学习方式的转变”，否则“皮之不存，毛将焉附”。

第三，教学方式是教育的基本活动形式，对教师的教学行为具有导引作用，是教师依据自己所追求的目标，以及教学的实际状况，对教学形态选择与运用、重组或再造的认知。

上述概括说明了教学方式三种属性之间的关系，突出了教学方式的两个特点：教学方式具有指向性和集中性；教学方式对教师的教学行为具有引导作用。

教学方式与教学模式同属中位教学观，介于教育理念与教学策略之间，但教学方式与教学模式有实质区别。教学模式是从策略上支配着教师怎样教，对教师的教学组织与方法具有指导作用；教学方式则是在教学形式上引导着教师怎样教，对教师的教学行为具有导向作用。教学方式是立足于指向导引教学，教学模式则立足于实践上构建教学。因此，教学方式的外延是一个很宽泛的概念，它是反映一定教育理念在教学上的表现形式与作用方式。而教学模式的外延却没有那么宽泛，它本身的制定或选择受教学模式指导思想的规范与制约。

据此，教学方式的内容构成既是一定教育理念的表现形式与作用方式，又是对教与学关系的理性认识。教学方式的内容构成是在一定的价值观指引下，对教学形态的理性认识。它以教学形态为落脚点，以学习理论、教学理论和教育传播学理论为基础，为教师把“教与学”的策略运用到具体的教学活动中，对教学过程、方法或技术的选择具有导教、导学的作用。

教学实践表明，一个完整的教学过程应包括课前、课中和课后三个阶段。教学方式的任务应为教学前确定教与学的形式、选择教学媒介、组织协作活动、形成教学形态、达成课程目标提供决策，即为教师将教与学的策略运用到具体教与学活动中。因此，教学方式的应用有三个准则：

（1）有价值规定性。蕴含有规定性的教学判断，能反映一定教育理念、主张、态度等系统观点。

（2）有原理性。能消除教与学设计的矛盾、为教学设计方案的假设提供理论解释。

（3）有逻辑性。能明确教师做什么、学生做什么，可为教学活动组织形式的建立提供预期决策。

2. 体育教学方式的构成和组织

体育教学方式是一种具体化的理性认识活动，是联结教学设计的一座桥梁。教学方式是个体认知的表达，可从低到高区分为三个层次与三个成分：

（1）教学方式是一种内部认知的准备状态，它可使某些行为的出现成为可能。例如，一位具备现代教育理念的教师，在一般情况下总能够按照以学生为主体进行教学设计。同样，一位学习态度认真的学生总会认真按时完成作业。

（2）教学方式的形成不是先天的，而是通过与环境的相互作用而形成改变的。通过学习的形成可影响个体教学方式选择的内部状态。

（3）教学方式的形成受个体自我意识的组织与监控，包含认知、情感、意志三种成分与顺从、认同和内化的社会模式。

依据皮亚杰的同化理论，主体对客体的认知程度完全取决于主体具有什么样的认知结构。可以认为，教学方式受个体自我意识的组织与监控，可包含三种成分：

（1）认知成分。教师对现代教育理念的认知决定着他的教学方式。

（2）情感成分。教师对教学方式成功的认知体验，可强化其对该教学方式的选择倾向。

（3）意志成分。成就感可让教师对教学方式自我检查、自我监督。

教学方式伴随着相应的教学理解，教学实践活动及其结果是教师的主观意向对教学方式的投射。教师对其的理解能够促进发展，并能在普通教学条件下提高教学水平。教学方法的选择明确教育价值观及相应的课程与教学目标。

从认识论来看，一种理念意味着一种方式，一种方式意味着一种教学设计。从方法论来看，体育教学实践设计的问题是对教育的理解、认识、知识储备。认知是心理和神经中枢的准备状态，它通过经验来对对象或情境施加直接或间接的组织。

3. 体育的教学方式

教学方式是一种有计划、有目的的理性认识，是一种目标导向的一系列活动。在实施教学方式之前，为教师进行必要的准备，即确定教学意向，选择教学方式找到实施教学活动的思路与目标。知识不仅包括“知什么”而且包括“知如何”，不仅包括客观事物属性与联系所反映的认识结果，而且还包括知道怎样去操作和行动。教学方式的研究不仅包含理论的启蒙也应有实践的行动，只有把教学方式的研究与教学实践结合起来才是完美的。

（1）体育教学方式的实施模式

根据系统论和分类学两者在知识学习中的具体规律，教学方式的实施可分为两种模式：①目的—目标计划模式；②目标—手段计划模式。

第一种模式的组织层次是从目的到目标的取向。按照目的与目标之间是一般与特殊、普遍要求与具体结果的关系，来表明教学方式在一定的框架内所要达到的程度。以“教学总目标—课程目标—单元目标—课的目标”为依据，依据教育理念或理论进行阶梯形的寻绎选择与之相匹配的教学方式，推进教学的开展。由于该模式从关注课程外在方案到注重教学方式的实施，试图通过指明在何种情景下以何种方式来描述教学方式的选择。教学方式是通过文本与解释者之间的对话创造出来的，这样可使教学方式更贴近目标，但对制定者提出了较高的要求。因此，对这一模式的运用要理论结合实践和经验，对现代教育理念具有整体概括能力的教师适合这种模式。

第二种模式的组织思路则不同，是从行为目标的形式到策略技术的取向。按照从具体到抽象，从个别到一般，它先把宽泛的目的一步一步分解为具体目标，然后根据教育理念或理论的界说，选择合适的教学行为。以“教育理念—教学目标—教学方式—教学行为—教学组织”为依据，引导教学方式的开展。因此，这一模式的运用体现了行为的具体性，适合于对现代教育理念尚不具备整体概括能力的教师。不足之处是，由于一系列的设计没有经过理论处理，教学方式难以确定范围，不能保证教学形态的设计符合教学结果的预测。

（2）体育教学方式的实施策略

教学方式作为一种意向活动，尽管在理论逻辑上对其进行了一定程度的宏观阐释，但如果没有微观实践条件的帮助和支持也难以获得成功。为了使这一研究变得更科学，可从以下方向进行探讨。

教学方式是关注教学设计在宏观水平上对教学内容的范围、组织和排序的预期决策，可为教学前对教学结果的假设提供解释情境和行为导引，对教师备课时的认知控制有积极的效果。掌握这些知识后，可显著提高教学设计水平。所谓的教学策略，就是帮助学生以自己的努力达到某一作业（目标）的计划。因此，对其讨论的目的是帮助人们进一步考察，加深对课堂教学的认识，解释和预测课堂教学现象及其发展。拓宽思考的视野，启蒙孕育教学方式的新视域、新行为来指导实践，便于把体育课堂教学认识得更为透彻，把体育教学理解得更加彻底。因此，对它的研究是十分重要的，也是十分必要的。

（二）传统体育教学方式的论纲与特点

1. 传统体育教学方式的论纲

所谓体育传统教学论，是指20世纪50年代以来以凯洛夫为代表的苏联教学论在中国建构的基本理论框架。受其影响和制约，以“实践—认识—实践”的旧唯物主义认识论为论纲，以行为主义为教学理论，以三个中心为教学主导，机械地套用泰勒原理：①学校应达到什么教育目标？②要提供什么经验以便达到这些目标？③如何有效地组织这些教育经验？④我们如何确定这些目标是否达到？所以，在教学中强调形式化，着眼于严密的逻辑，重视形式演绎系统，忽视人文精神。沉迷于“授—受”的狭隘认识，滞后于“为什么教”“教什么”和“怎么教”的设计，忽视了学的存在。其结果是，最终未能摆脱“知性制式”“学理至上”的理论范式而“纠缠”其中，致使人们长时间未能走出“应试教育——以知识积累为导向”的模式，形成“教育化人”的特点。

2. 传统体育教学方式的特点

（1）把教学方式理解为“教师为中心、教材为中心、课堂为中心”

传统的体育教学方式所对应的教学目标是对知识完整的积累和储存。它并不关注学生的学习方式、学习能力、学习品质及学习习惯的改善和提高，只关注“学什么”，而忽视“养成了什么”。教师的教学方式就是把握教学实施进度的方式。所以，在传统体育教学中，最常听到的一句话是“教师怎么教，你就怎么学”，“教学方式”被理解为传递知识的方式。

（2）传统教学方式把学看成教的“应答”关系

传统教学方式将学定位于教，教师是既定方式的阐述者和传递者，学生是既定方式的接受者和吸收者。将教学方式刻板化为单纯的“传授—接受”。教学方式成为一种主动传授与被动接受、控制与服从的不平等关系。把“学”看作依附于教的“应答性”行为，而较少从“学”入手研究“学”的特点与规律，以便使“教”更好地服务于“学”，忽略了教学方式的本质及学生在学习活动中的主体地位。

（3）重结果轻过程的教学

传统体育教学重结果轻过程，着眼于以反复操练和精雕细刻为主要方法，把体育知识的生动过程变成了单调刻板的技能传授，致使教学方式太机械、沉闷和程式化，缺乏生气、乐趣和对好奇心的刺激。这样的教学方式重视的是学生学会了什么，强调的是接受知识、积累知识，注重教学效率。这样的教学方式有利于学生按计划完成学习任务，但难以培养学生对运动的热爱，容易抑制学习体育的主动性发展，导致学生只能以模仿和机械记忆的方式进行学习。

（三）现代体育教学方式的论纲与特点

1. 现代体育教学方式的论纲

现代体育教学方式以“教师主导、学生主体”的关系进行论纲寻绎。组织开发“为学习而设计”“为理解而教”“最近发展区”的教学活动，促进学生学习内隐情感的生发和外显技能的融合。以知情意行为导向，创立了有效的十大体育教学模式。其中：快乐体育教学模式，强调激发主动性，强化感受性，着眼发展性，渗透快乐性和贯彻情感性；成功体育教学模式，利用低起点、小步子、多成功、快反馈等，实现下列三方面的转变：

（1）正确认识和发挥教师的主导作用，注重引导全体学生全面发展与主动发展；充分发挥学生学习的主体性，激发、维持并强化学生学习的主动性、积极性和创造性，让其享受学习的喜悦；发扬教学民主，处理好师生关系，促进师生和生生间的沟通、接触与相互作用。

（2）对学习情境施以暗示、成功激励的原理，促进角色转换，引发和培养学生主体意识，促使他们自觉投入学习，主动开展学习活动，在不断进步的活动中获得充分发展。

（3）依据人的活动与环境相一致的理论，借鉴现代心理学的研究成果，建立“选项教学”“分层施教”“情感驱动”“合作对话”“意义建构”等基本原理。将知识的系统性、活动性、审美性与愉悦性融为一体，克服传统体育教学方式的重讲、重练、无情境的缺陷，凸显现代体育教学方式不仅重视客观目标的实现，而且也重视潜在的、主观的心理教学效果。

体育教学力求产生四方面的体验：第一，充分的运动，在生理上获得快感；第二，学到新知识，明白新道理；第三，技术上有所提高，收获成功的体验；第四，在运动中与同伴相处和睦、愉快，因此更好地体现了体育教学的价值。

其论纲的目标有以下四方面：

（1）现代教学方式不只是传递“文本课程”——课程计划、课程标准和教科书的知识，而且是体验课程——感受、领悟、思考课程的作用方式。完成知识传授与学会学习的统一。遵循课程标准变革的“为学习而设计”的体悟，实现学生“学会学习”的目标取向。转变传统教学单纯满足知识的传递与接受的价值观，回到确立以学生为主体、健全发展为旨归的价值观。

（2）教学是教师的教与学生的学的统一，因此，教学方式要创设师生、生生交往的互动，情感体验与知识分享的共同发展过程。构建以自主、探究、合作为基本特点的“体育学习共同体”，平等交流合作，共享、共创知识的师生、生生互动，全面健康发展的教学方式。

（3）教学方式是达到教学目的的活动程序，所以必须重结果。基于学生学习存在的客观差异，以及同一个学生在不同方面也存在差异的事实。因此，强调重结果更重过程的教学。在向体育教学要求结果的同时，充分尊重学生客观存在的差异因材施教，实施多层次、多组合的选项学习、自由学习。在教学方式上力求做到整体推进与个别化相结合，既要有对个别优秀学生可创设高于同级目标的教学方式，又要有对学习困难者的特别指导，努力改变传统教学统一进度、统一负荷、统一标准、统一要求的现状，使每个学生都能各得其所、各展其长。

（4）“一切为了每个学生的发展”是体育新课程标准的核心理念。教学方式既重视学生认知领域水平的提高，又重视学生在情意领域的发展。发展学生特长，扬长避短，促进学生发展的教育选择，减轻学生担心失败的心理负担，让学生获得成功的体验，获得学习乐趣，变厌学为乐学，走向热爱体育、终身体育。

2. 现代体育教学方式的特点

（1）提倡向科学要质量，向方法要效益。

（2）更加重视教学活动中“育”的因素，从而使“教学”演化为“教育”。

（3）更加注重培养以健全人格为核心的心理素质，使体育活动进入学生的内心世界。

（4）要求体育教育内容与方法要全方位体现出体育教学既是体育又是文化、既是锻炼又是娱乐、既是运动又是教育、既能参与又能观赏的社会文化特点。

（5）培养学生理解体育是人文的载体、文明进步的阶梯、触摸社会的舞台，人通过体育学习可以发现人在文化和文明中的自觉意识，树立人的信心，重塑人的价值，回归人的世界。

（6）教育学生关怀生命、保护生命，要将体育贯穿人的一生，提高人的健康水平，为人的生命服务。

第二章 体育教学理论的多维分析

第一节 体育与体育教学的基础理论分析

体育课程与教学目标是体育教学理论中的核心内容之一，集中体现了人们对体育课程的开发与体育教学设计中的教育价值的理解，是教育目的在体育课程中的具体化。体育课程与教学目标规定着课程编制的方向，决定着课程内容的选择和组织，也是课程实施和评价的依据。体育教学目标是体育课程目标的进一步具体化，体育教学目标通常在单元教学方案或课时教学方案中按照目标结构的方面分项陈述。

一、体育课程目标与体育教学目标的意义

体育课程目标和体育教学目标是体育课程和体育教学理论与实践中非常重要的问题。课程目标主要是对学生通过课程学习所要达到的预期学习结果的陈述，它一般是由国家的课程标准或课程指导纲要明确规定的。① 体育课程目标是指在一定的教育阶段，体育课程可使学生身心发展达到的预期程度或标准；② 标准功能是体育课程目标的主要功能。所谓标准功能是指体育课程目标对体育课程的检查、评估产生的标准作用。

具体而言，体育课程目标有以下主要作用：

第一，为体育课程内容和体育教学方法的选择提供依据。判断“什么知识最有价值”和“什么方法最有价值”，界定了课程的内容范围，均应以课程目标为重要依据。

第二，为体育课程与教学活动的组织提供依据。把体育课程组织成什么样的类型（如必修课程或选修课程），把体育教学组织成什么样的形式，在某种意义上取决于体育课程的目标。体育课程目标决定了课程的性质和类型，也决定着教与学的组织形式。

---

① 季浏：《体育与健康课程与教学论》，浙江教育出版社2003年版。

② 周登嵩：《学校体育热点50问》，高等教育出版社2007年版。

第三，为体育课程实施提供依据。体育课程的实施过程就是实现体育课程目标的过程，所以，体育课程目标对体育课程的实施起着导向和激励作用，影响着教与学的方法与策略。

第四，为体育课程评价提供依据。评价什么以及如何评价都要以体育课程目标为具体依据，构成了对课程和教学进行价值判断的基本标准。

体育课程目标指向的是体育学习中不同方面的“一般反应模式”，体育教学目标则指向体育教学过程中的具体行为方式。体育教学目标来源于体育课程目标，是预期的学生学习结果或学习活动预期应达到的标准。体育教学目标是指体育教学活动主体预先确定的、在具体体育教学活动中所要达到的、利用现有技术手段可以测量的教学结果。① 需要强调的是，这个预期结果与标准是教和学双方都应共同遵循的，对教师来说是教授的目标，对学生来说则是学习的目标。体育教学目标是课程目标的进一步具体化，并且，由教师根据有关教育法规、课程标准和各方面实际情况制定，是指导教学活动设计、实施和评价的基本依据，对教学活动具有导向、指引、操作、调控、测评等功能。教学目标通常在“单元”或“课”的教学计划（方案）中按照课程目标方面分别陈述。与课程目标一样，体育教学目标也是一定教育观念在体育教学方面的体现，因此它们总是表现出一定的价值取向。这种价值取向既可能体现在整个体育教学目标体系中，也可能表现为某一具体教学目标的价值倾向。从理论上认识体育教学目标的基本价值取向，将有助于更好地制定体育教学目标。

二、体育课程目标和体育教学目标之间的关系

在学校具体的教育实践中，课程和教学是学校教育的两个重要组成部分，也是不可分割的两个部分。而在学校教育目标体系中，体育课程目标与体育教学目标联系最为密切，正因如此，有人把二者混为一谈。但是，体育课程目标与体育教学目标并不是相同的，它们之间既有联系，又有区别。

（一）体育课程目标和体育教学目标之间的内在联系

第一，相对于各级各类学校培养目标和体育教学目标而言，体育课程目标和体育教学目标都是子目标，它们共同为达成学校培养目标和体育教学目标发挥着各自的作用；与此同时，体育教学目标的制定与体育课程目标的制定都必须以学校培养目标和体育教学目标为依据。

第二，体育课程目标与体育教学目标之间有着纵、横两方面的联系。从纵的联系来

① 周登嵩：《学校体育学》，人民体育出版社 2004 年版。

看，体育教学目标是体育课程目标的子目标。换言之，体育课程目标的实现有赖于体育教学目标的实现，或者说体育课程目标是确定体育教学目标的重要依据；从横的联系来看，体育课程目标所涉及的方面，在体育教学目标中也应该体现。

第三，体育课程目标和体育教学目标之间有一个衔接点，这个衔接点就是体育课程的水平目标和体育教学的学年教学目标。体育课程的水平目标是确定学年体育教学目标的直接依据，它们之间应该是一致的。学年体育教学目标实现了，体育课程的水平目标也就实现了。

（二）体育课程目标与体育教学目标的区别

体育课程目标和体育教学目标是有区别的。表 2-1 是对体育课程目标与体育教学目标的比较，从中可以看到，体育课程目标和体育教学目标在目标的制定者、制定依据、运用范围等方面都是不同的。

如果从目标的性质进一步来比较的话，会发现二者之间也有很大区别。体育课程目标针对的是整个体育课程，着眼于学生的整个学习过程或学习阶段以及学习方面，是宏观的、远景的、粗线条的，且具有相对的稳定性；而体育教学目标针对的是一个学年（或学期）、一个单元、一堂体育课的具体教学情境，是微观的、现实的、具体的，具有相对的灵活性，确定后可以根据教学的具体情况进行调整。

表 2-1　体育课程目标与体育教学目标的比较

比较内容	体育课程目标	体育教学目标
目标制定者	教育行政部门、体育学科专家、少数体育教师	学校体育教研组、体育教师
目标制定依据	社会发展需要、学生需要、体育学科的特点	体育课程目标、本学校的特点、学生特点、主要教学内容的特点等
所出现的文件	课程标准、地方课程方案	学年（学期）教学计划、单元教学计划、课时教学计划（教案）
目标运用范围	为体育课程的编制提供依据；为体育教师的教和学生的学提供参考	为体育教师开展体育教学活动提供直接依据

三、体育教学目标的特点和作用

（一）体育教学目标的特点

体育教学目标具有以下六个特点：

（1）体育教学目标是教与学双方合作实现的共同目标，对体育教师而言是教授目标，对学生来说是学习目标；但是，体育教学目标表现为体育教师教学活动所引起的学生终结行为的变化，即着眼于教而落脚于学。

（2）体育教学目标是体育教学活动预期的结果。这种预期的结果存在于体育教学实践活动之前，有学者认为，有效的教学始于教师知道目标是什么。也就是说，在教学活动之前，即预见到体育教学活动可能使学生在体育知识、技能、方法以及身心发展等方面发生哪些变化。预期要达到的目标是否科学、具体、明确，直接影响体育教学活动的成效，是人们对体育教学活动结果的一种期望。

（3）体育教学目标是通过体育教学活动可以达到的结果。相对于体育教学目标和体育课程目标而言，体育教学目标应符合学校、班级、学生以及体育教师的实际与特点。

（4）横向上，对照不同的学习方面将有不同的体育教学目标，各目标相互独立又彼此呼应；纵向上，体育教学目标又是由学年（学期）教学目标、单元教学目标和课时教学目标构成，各目标之间层级分明、连续递增。下位目标是上位目标的具体化，上位目标是在下位目标达成的基础上才能最终实现。于是，体育教学目标呈现出一个纵横交错、相互衔接的有机整体。

（5）体育教学目标最终要落实到师生具体的体育教学活动中，所以，只有在目标中详细说明学生在什么条件下，应该做什么，做到什么程度，才能为体育教学活动的具体操作提供导向，也才能为体育教学评价提供可测量标准。换言之，体育教学目标必须具体、可行，体育教学目标具有可测性。体育教师的教和学生的学的结果，以通过一定的方法与手段进行测量和客观评价，才具有应用的价值。

（6）体育教学目标应根据确切的教学内容、具体的教学条件、学生的学习特点、课时分配等因素综合制定，这就要求教师必须因校、因课、因班制宜，依具体教学实际编制，内容和水平应有一定弹性，以便灵活掌握。具有灵活性的教学目标对于更好地适应学生的身心特点，使其通过教学目标的实现而获得相应的身心方面的发展，具有不容忽视的重要意义。

（二）体育教学目标的作用

1. 激励作用

目标反映了人的愿望和努力方向，当明确的目标意识延伸到人的行为领域，并同行为相联系的时候，则形成动机和动力源泉。虽然体育教学目标并不完全是由任课教师和上课学生群体制定的，但合理的体育教学目标必定充分反映着教师的努力方向和学生的学习愿望。目标设置理论认为，目标本身具有激励作用，目标能把人的需要转化成动机，使人们的行为朝向一个方向努力，并将自己行为的结果与既定的目标相对照，及时进行调整和修正，从而能实现目标。① 所以，科学合理的体育教学目标必定可以指导教师的工作，必定可以激励学生的学习。体育教学目标激发动机功能的真正实现，也取决于其价值是否被学生认同及其难易程度是否适中。体育教学目标的价值要想被学生认同，就必须与学生的内部需要相一致。只有体育教学目标符合学生的内部需要，才能够激发学生的动机，引起学生的兴趣，转化为学生积极参与体育教学活动的动力，所以，明确、具体而切实可行的教学目标可以激励学生努力地学习。

2. 定向作用

既然体育教学目标是体育教学活动的预期结果，那么必然制约着体育教学设计的方向，为体育教学过程提供指导。体育教学设计是为实现预期的体育教学目标制定的策略，教师和学生对方法、手段及教学组织形式的选择，场地、器材的运用，教学情境的创设等，都要以体育教学目标为依据，并指向于一定目标的达成。明确的体育教学目标，还可以为体育教学中的师生活动指明方向，从而避免教学中的盲目性。

3. 规约作用

体育教学目标不仅在方向上对体育教学起着指导作用，而且在具体的步骤和方法上也具有规约的作用。体育教学目标预先规定了体育教学的大致进程，体育教学的展开过程就是体育教学目标得以一一实现的过程。所以，清晰的体育教学目标有利于体育教师对教学活动的控制，有利于提高体育教学设计的预见性和科学性。

4. 衔接作用

如果制定好每一个阶段的体育教学目标，就可以保证阶段体育教学目标的总和等于总的体育教学目标，那么就意味着总的教学目标可以顺利完成；反之，如果制定错了阶段体育教学目标，就使得阶段体育教学目标的总和不能等于总的体育教学目标，那么就意味着总的教学目标没有达成。所以，正确地制定好各个层次的教学目标，层层目标衔接，是最终实现总目标的可靠保证。

5. 检验作用

是个到达点、是个标志，因此其本身就是很鲜明的和可判断的标准，所以其本身就是很鲜明的和可判断的标准，阶段性目标的达成与否是在教学过程中进行体育教学质量评价的标准；而总目标的达成与否就是在教学过程终结时进行体育教学质量检验的标准。所以体育教学目标确定之后，是否达成既定目标就成为测评教学效果的尺度和标准。在体育教学中，教学效果的检测和评价，就是以体育教学目标为依据，用客观的信息来显示教学效果是否达到或在何种程度上达到了既定的目标。

---

① 季浏：《体育心理学》，高等教育出版社 2006 年版。

四、国内外体育课程目标改革发展趋势

（一）增强学生体质

有许多国家把增强学生体质当作体育课程的第一目标；把加强自我意识和自我理解看作最重要的情感目标；把培养参加娱乐活动的运动能力视为最重要的运动技能目标；把渴望获得和保持健康所必要的身体素质水平视为最重要的增强体质目标。日本强调让学生适当参加各种活动，以培养强壮的身体，同时设法培养坚强意志和提高身体素质；美国有的学者认为，体育课程以发展学生身体素质为目的，让学生在教师的引导下，向自觉学习的方向转化，通过体育锻炼提高身体素质，以增进健康水平。美国体育运动协会针对学生体质下降的情况，要求中小学体育教学必须提供学生每日不少于 30 分钟并具有一定强度和密度的正规体育学习与锻炼，因此而提出的五个目标全都是围绕如何增强学生健康、保持学生体力的。可见，21 世纪体育教学课程发展的第一目标仍是“增强学生体质，增进学生健康”。

（二）提高学生体育文化素养

当代学者多主张体育课程不能只注意暂时的体育实际效果，还要注意提高学生的体育人文修养。有学者认为，体育教学应以培养儿童、少年、青年在品德、智力、体质等方面全面发展为目标，贯彻理论和实际结合的原则，既要讲述人体科学知识，又要获得锻炼身体的实际效果，还要使学生增进体育文化修养，受到思想品德教育，促进身心双方面的健康发展。有学者认为，体育课的根本职能是对学生保护身体和科学锻炼提供理论知识和方法，课内对学生运动和体质发展所产生的影响，那只是第二位的事，由此可知，体育课程的内容应该包括掌握体育文化和卫生保健的基本知识。世界许多国家都重视向学生传授体育卫生保健知识。日本要求教师教给学生重要的活动技能和技巧，和在各种复杂条件下运用它们的有效手段；美国要求学生掌握有关身体的知识，以便更好地控制自己的身体，更好地适应所处的环境。

（三）培养学生的学习兴趣

培养学生对体育运动的兴趣和爱好及独立锻炼身体的能力，为终身体育奠定基础，这是各国体育课程改革的一个共同趋势。美国认为，培养锻炼能力要比提高运动技术及身体素质水平还重要，强调要使学生都喜爱体育，培养他们参加体育活动的兴趣，并在体育活动中获得愉快的享受，激发长期参加体育锻炼的兴趣和愿望，养成爱好锻炼的生活方式；日本则通过各种合理的运动实践，在提高运动技能的同时，使学生能体验到运动乐趣，培

养开朗、健全生活的能力和态度，培养注意健康和安全地参加运动的态度。

（四）注重三维课程目标

“知识与技能”“过程与方法”“情感态度与价值观”的三维课程目标是基础教育所有课程的价值追求，体现了素质教育的精神和要求。三维课程目标强调既要重视学生的知识和技能的学习，也要关注学生的学习过程和体验，促进学生掌握学习的方法，提高学会学习的能力，同时还要重视培养学生积极的学习态度与价值观，促使学生热爱体育运动。三维课程目标突破了传统教学以“知识为中心”的价值观，知识和技能传授不再是课程和教学的唯一目标和最高目标。①

（五）以学生为中心的教育体制

课程目标的个性化，可以说仍然是“人本”理念的产物。所谓“个性化”，包括三层含义：第一，教育的人性化、人文化；第二，教育的个别化，如教育应考虑个体的身心特点，关注个体的天赋、特长、兴趣、爱好及价值取向等；第三，不同学校、不同学段或不同年级、班级的个性特色，如有个性特色的培养目标、专业设置，有个性特色的教学目标方法、手段等。各国都强调学生懂得合作和竞争的意义，在促进个性形成的同时，培养良好的体育道德；通过运动表现自我，发展社交能力，促进对能力各异的人的理解，培养竞争精神。配合育人的总目标，把体育与品德教育、美育结合起来。体育既然是教育的一个组成部分，体育课程就必然要承担教育的功能。

（六）全面整合体育教学的目标

《义务教育体育与健康课程标准（2011 年版）》提出：“体育与健康课程教学在体现学习目标多元特点的同时，还应注意有所侧重。”“强调运动参与、运动技能、身体健康、心理健康与社会适应四方面目标的有机整合。充分体现体育与健康课程的多种功能与价值。”在以往的教学实践中贯彻落实课程多元目标时，一些教师通常把“五个领域”的目标全部写到教学方案中，不知道如何进行整合。有些领域的目标，尤其是心理健康与社会适应方面的目标，与教学内容及组织教法脱节，形同虚设。在 2012 年举行的第五届全国中小学体育教学观摩展示活动中，教师大都以运动技能为重点，结合教材与教法的特点，把运动参与、运动技能、身体健康、心理健康与社会适应的目标有机地结合在一起。这样做既有利于重点目标的达成，也有利于其他目标的实现，有重点地全面整合体育教学目

① 教育部基础教育课程教材专家工作委员会：《义务教育体育与健康课程标准（2011 年版）》，北京师范大学出版社 2012 年版。

标，将是体育课程目标在实践应用中发展的一个趋势。

第二节　制定体育教学目标

一、制定体育教学目标的主要依据

（1）体育教学目标与体育课程目标。体育教学目标体现了我国的教育、体育有关方针和政策的基本精神，以及国家、社会对体育教学的要求，是制定体育教学目标的重要依据。国家教育部颁发的各级体育教学课程标准，根据体育教学的总目标，制定了各个学年的教学目标和各项教材的教学目标，进而形成了体育教学目标体系，是教师制定具体体育教学目标的指令性依据。

（2）体育教学的本质特点与功能。体育教学目标的制定，应该突出体现其增强体质、促进身心健康、发展体能的本质功能。同时，也应该在体育教学本质功能的规定下，全面考虑体育教学目标所反映的体育教学的多种功能的可能性依据。①

（3）学生身心发展的特点及规律。体育教学的对象是学生，主体也要偏向学生的发展，这就要求体育教学目标必须根据青少年生长发育过程中的规律制定。学生在不同时期、不同阶段的生长发育有其固有的规律和特点，因此，要据此提出相应的目标。这也是体育教学目标制定的生理学和心理学上的科学依据。

（4）实际条件和可行性。教学条件是制约体育教学目标实现的重要因素。为了保证体育教学目标的可行性，在制定体育教学目标的时候，必须从实际出发，充分考虑学校的客观条件和可行性依据。因为，不同类别学校、不同地区学校，条件差别非常大，发展可能会不平衡。

二、制定体育教学目标的基本原则

（一）科学性原则

制定体育目标是一项系统化的任务，应该坚持以教学理论为指导，将寻求目标依据作为研究目标的切入点，将目标构建应遵循的原则的研究视为制定目标时要把握的方法策略，在通过对目标依据、原则深入研究的基础上，提出体育教学的目标，使体育教学的目

① 冯宏伟：《学校体育教学融入民族传统体育项目的问题与对策》，载《教学与管理（理论版）》2018 年第 8 期，第 95-97 页。

标具有科学性和合理性。

（二）针对性原则

各个层次的学生身心特点不同，在制定体育教学目标时应具有较强的针对性。根据不同年龄段学生的特点及社会的需求，分别制定不同的体育教学目标，既要符合学生的身心发展要求，又要体现不同层次学校的特色，形成有层次、有针对性的体育教学目标结构。

（三）全面性原则

构建结构完整、内涵丰富、全面的体育教学目标体系是教学理论发展的需要，也是教学实践的需要。要做到全面性，制定体育教学目标应遵循以下几点：

第一，坚持社会需要与个体需要相结合。现代教育更加注重社会需要与个体需要的结合。一方面，体育教学作为教育的重要组成部分，应为培养社会所需的人才做贡献，充分体现教育的社会属性；另一方面，体育又要充分满足学生求知、求健、求乐、求发展等多方面的个体需要。

第二，坚持育体与育人相结合。体育具有多种功能，这就要求我们在追求育体目标时更注重追求育人目标，即充分开发体育“育德、健心、益智、育美、健全人格”等功能，克服体育教学常存在的“重育体、轻育人”的缺陷。

第三，坚持短期目标与长远目标相结合。受应试教育的影响，体育教学经常围绕考试、达标而展开，忽略对学生“知、情、意、行”的培养，虽然达到了运动成绩、达标率提高的短期效果，但是滞后效应却使学生无体育意识、情感、意志与行为。教育是未来的事业，体育须立足于学校、着眼于未来。既要注重增强学生体质、提高运动水平、追求阶段效益和目标，更要注重培养学生体育的“知、情、意、行”，为学生终身体育打好基础，追求长远效益和目标。

（四）创新性原则

教学目标体系应突出体育教育的学科特点，即以传授知识技能，培养体育能力，形成终身体育意识，发展身体，完善人格作为体育教学所追求的目标。在结构排序上将体育知识技能传授、能力培养列为教学目标之首，这是对传统体育教学观念——体质观的更新，是现代体育教学理念重建的体现。增强体质固然重要，对体育教学目标而言应该是第一位，但对于体育教学来说则是第二位的。

三、制定体育教学目标的要求

体育教学目标具有共同性、灵活性、可预测性、可检测性等特点，所以，制定体育教学目标时，要注意以下四点要求。

第一，应具有整体性，注意不同层次、序列教学目标的协调与衔接。体育教学目标是结构严密、层次分明、排列有序的灵活系统，无论哪一级目标的制定都应该体现整体性，特别要把握目标系统的横向与纵向之间的有机联系。体育教学目标只有形成一个纵横联结的网络系统才能发挥教学目标的系统功能。

第二，体育教学目标必须明确、具体和可量化。明确、具体和可量化的教学目标具有可操作性，有利于教学工作的计划，为体育教学的实施特别是检查与评估打好基础。

第三，体育教学目标应该具有一定程度的波动性。当体育教学环境等诸多因素发生变化时，势必要求体育教学目标做出一定程度的调适。所以，我们制定体育教学目标，要有一定的波动性，以便依据实际情况进行必要的修改或调整。

第四，体育教学目标应反映体育教学的发展趋势。体育教学目标的制定要有长远观点，反映体育教学的发展趋势，这样制定出来的体育教学目标才具有导向和激励作用。同时，制定体育教学目标又要从实际出发，全面准确掌握体育教学内部与外部条件及环境。

以上四个制定体育教学目标的要求是相互连接在一起的，需要综合考虑，不要顾此失彼。除此之外，还要考虑教学目标难度要适中。

四、制定体育教学目标的基本步骤

（一）分析体育教学对象

分析体育教学对象是制定体育教学目标时重要的、首要的准备工作。分析教学对象是为了做到“有的放矢”“知己知彼”“因材施教”，比较全面地了解教学对象。其中最重要的就是分析学生的学习需要。新的需要与原有水平之间有差距，才会推动学生努力去学习，即产生学习的需要。学习的需要是一个特定的概念，指有关学习的“目前状况与所期望达到的状况之间的差距”，也就是学生学习成绩的现状与教学目标之间的差距。也即学习需要的分析就是分析教学中实际存在的问题，重点是分析学生的学习现状。①

分析学习需要有两种基本方法：一种是内部需要评价；一种是外部需要评价。内部需要评价是将学生的现状与组织机构的教学目标（如课程标准中规定的教学目标）相比较，找出两者之间的差距，从而了解学生的需要。外部需要评价是将学生的现状与根据外界社会的要求而制定的教学目标做比较，找出两者之间的差距，从而了解学生的学习需要。两者的主要区别在于目标参照系统的不同。

---

① 梁林：《体育游戏化教学中存在的问题及其对策》，载《教学与管理（理论版）》2018 年第 7 期，第 113-115 页。

应用上面两种方法进行分析，如果发现确实存在差距，也就是存在问题了，还须对问题的原因及性质做出进一步分析。在此基础上，再进一步分析解决问题的可行性，包括对资源和约束条件的分析等。通过对学习需要的分析，找出教学中存在的问题及其原因，据此确定教学目标。除此之外，还要对学生的生理、心理的一般特点，以及学生的体育学习风格、基础体育活动能力等进行分析，这些因素同样制约着教学目标的实现。

（二）分析体育教学教材

分析体育教学教材，第一是要确定教材。教材有国家规定教材、地方运用教材以及校本教材，要根据实际需要对教材做出选择。我国是三级教材模式，也就是说在教材选择上有较大的灵活性，这是符合我国体育教学在城市与乡村、东部与西部、南方与北方等不同地区差异较大等实际情况的。第二是分析教材中各项教学内容之间的相互联系。有纵向联系，如从小学到中学再到大学的教材内容，范围越来越大、深度越来越深，也有横向联系，如同样是武术教材，有国内与国外，传统与现代等不同类型之间的联系。分析这些联系，可以科学地安排教学程序。第三是教材分层分析。教学内容可分为不同层次，既可将教学内容分为课程、单元、项目等层次，也可将其分为章、节、目、点等层次。分析教材中的教学内容的步骤如下：

（1）单元学习任务的选择与组织。通过对教学单元学习任务的选择与组织，可以确定课程内容的基本框架。

（2）教学目标确定。

（3）目标分类。目标分类一般分为认知、情感和运动技能三类。

（4）内容的评价。论证所选出的学习内容的效度，也即是否与总目标相互一致。

（5）目标分析。对认知、情感、技能、社会适应目标要用不同的分析方法。

（6）内容的进一步评价。

（三）编制体育教学目标

编制体育教学目标：第一，要分清体育教学目标的种类；第二，要理解体育教学目标之间的纵横联系；第三，要了解教学目标的具体内容。

第三节 体育教学的原则

一、自觉积极性原则

自觉积极性原则是指在教师的主导下，充分调动学生学习的自觉积极性，发挥学生的主体作用，培养学生学习的主动性和创造性，自觉认真地完成学习任务。

这一原则所指的是在教师主导下学生的自觉积极性。它是由教师的“教”与学生的“学”的双边活动过程的教学规律决定的。在教学过程中，在对计划的制订和执行上，对教学过程的调节和控制上，教师起主导作用，学生是教学的对象，是知识、技术的接受者，是学习的主体。然而，学生学习的自觉积极性不完全是自发的，而取决于教师的指导、传授、调节和控制。反过来，学生有了学习和练习的自觉性，又能主动地调节和控制，并与教师的调节和控制协调一致，以保证实现预定的学习目标。因此，在体育教学过程中要把教师的主导作用与调整学生学习的自觉性有效地结合起来，这是提高教学质量的根本条件。贯彻和运用自觉积极性原则的基本要求如下：

第一，了解学生特点。教师必须了解所教学生的特点，要了解他们的爱好、需要、特长、困难和不足等。体育教师可通过多种渠道加强对学生的了解，比如做班主任、培养体育骨干、开展课外体育活动等。只有教师主动去了解学生，关心并熟悉学生，才会有调动学生自觉积极性的基础。

第二，调动学生积极性。要调动学生的积极性，必须发挥教师的主导作用。教师的主导作用，不仅表现在教学中，如教师通过讲解、示范、组织教学等手段，把学生引导到所教的内容上来，更重要的应该是给学生提供和创造良好的条件，使外因能顺利而迅速地转化为内因，从而调动学生的自觉积极性。

第三，建立平等和谐的师生关系。体育教学过程中，教师要为人师表，教书育人，既要严格要求学生，又要关心与信任学生。良好的师生关系才能利于学生主动地、快乐地参加体育教学。

第四，推动学生的内在动力。学生学习的内在动力，是鼓舞和推动学生学习的内驱力。只有让学生形成正确的学习动机，才能发挥学生的主体作用。

第五，培养学生自学、自练、自评的能力。自学、自练、自评的能力是便于学生养成参加体育锻炼的习惯、培养终身体育锻炼意识的重要基础。在教师主导作用的前提下，要为学生自学、自练、自评能力的培养与发展创设一个良好的外部环境，让学生自主地学习与锻炼。

二、直观性原则

直观性原则是指在体育教学中，要充分利用各种直观方式和学生已有的经验，通过学生各种感觉器官去感知事物，培养学生的观察能力和积极思维的能力，使学生获得直接经验和感性认识，为掌握体育知识、技术和技能奠定基础。在体育教学中，学生掌握的体育知识、技术和技能是从建立感性认识开始的。首先，必须使学生感知所学的动作（包括触觉和本体感觉），并在感知的基础上建立起完整的、正确的动作形象概念，从而为学生掌握体育的知识技能奠定基础。贯彻和运用直观性原则的基本要求如下：

第一，扩大直观效果。在体育教学中除通过听觉来感知动作的形象、结构和要领外，还要通过触觉和肌肉的感觉来感知完成动作时肌肉的用力程度、方法及空间与时间的关系等，以扩大教学的效果。

第二，发挥教师的直观作用。教师自身的一切活动，都是学生观察的目标，特别是教师的动作示范和语言表达都是学生直观活动的来源。学生模仿能力很强，所以，教师必须加强自身修养，提高体育理论和运动技术水平，重视动作技术示范的准确性和规范性。

第三，直观教学。要借助多种教学媒介和各种现代化教学手段，如模型、图片、幻灯、录像、录音、电影等，以发挥直观教学的作用。

第四，激发学生积极思维的能力。学生在教师的指导下，通过分析、比较，明白正在学习的和已学过的动作有何联系。辨别动作的技术结构，分析动作技术的关键，明确正确动作与错误动作的界限，从而形成运动动作的正确表象，同时还要防止一般化的观察和单纯形式的模仿。此外，选择运用各种直观位置和把握运用时机，也将获得良好的直观效果。①

三、因材施教原则

因材施教原则是指体育教师在教学中，既要面向全体学生提出统一要求，又要根据不同班级和学生的个体差异区别对待，把集体教学和个别指导结合起来，使每个学生的才能和特长都能得到充分的发挥。

第一，深入了解学生。这是进行因材施教的基础。教师通过调查研究，全面了解班上学生的体育认识、兴趣爱好、思想品德、健康状况、体育基础、身体发展等多方面的情况。找出他们的共同点和差异之处，才能采取不同的方法，因材施教。

第二，面向全体，兼顾两头。教师主要把精力放在全体学生的普遍提高上。在制订教

① 张磊：《基于变易理论的体育教学内容分析及其设计策略》，载《北京体育大学学报》2015 年第 38 卷第 6 期，第 95-101 页。

学计划，确定教学目标和要求时，应该是大多数学生经过努力可以达到的。同时，还要兼顾两头，解决“吃不了”和“吃不饱”的矛盾。对个别身体素质好，有体育才能的学生，要为他们创造条件，让他们多参加课余的体育训练，为提高专项成绩打基础。对体弱和身体素质差的学生，要热情关心、耐心帮助，使他们在原有的基础上逐步提高水平，完成教学要求。

第三，从实际出发。教学中贯彻因材施教原则，还必须考虑学校的客观实际情况。不同地区、不同场地的器材设备条件，都对体育教学起着制约的作用。教师在制定教学目标时，除了要考虑教材、学生特点、组织教法外，还必须考虑上述各方面的客观条件，这样才能更好地因材施教。

四、身体全面发展原则

身体全面发展原则是指在体育教学过程中，教材内容的选择和安排要全面多样，使学生身体的各个部位、器官、系统的机能，各种身体素质和基本活动能力，都得到全面的发展。

青少年的身体正处于生长发育时期，可塑性很大。在体育教学中选择多种多样的不同性质的教材，采用多种有效的教学手段，有利于学生身体的全面锻炼和身体各个器官系统的机能得到协调的发展，养成正确的身体姿势。而长时间进行单一的、局部的锻炼，就得不到理想的锻炼效果，甚至造成某种程度上的畸形发展，有碍学生健康。人体各个器官系统的机能、各种身体素质和基本活动能力之间，既相互联系、相互促进，又相互制约，某一方面的发展，会影响其他方面的发展与提高。所以，只有身体得到全面锻炼，才能全面协调发展。贯彻和运用身体全面发展的基本要求如下：

第一，制订教学计划。在制订教学工作计划时，应注意各类教材和考核项目的合理搭配，保证学生身体的全面锻炼。

第二，身体全面发展。课堂准备部分的活动要全面多样；基本部分的教材要科学、合理地搭配。基本的要求：准备部分的活动要以运动系统和呼吸系统为主，为完成课堂的目标任务做准备；基本部分的教材，既有上肢、下肢为主的练习，也有躯干、腰腹、背部为主的练习，使学生身体得到较为全面、协调的锻炼和发展；课堂的结束部分，要做好放松活动并布置课外体育作业，并有组织地结束一节课。

第三，克服从兴趣出发的倾向。体育教学中应激发学生的学习兴趣，使他们乐于上体育课。孔子云：“知之者不如好知者，好之者不如乐之者。”意思是说，学习知识或本领，知道它的人不如爱好它的接受得快，爱好它的不如对它有兴趣的接受得快。所以采用一系列手段和措施来激发和调动学生的学习兴趣是必要的。但是，要把“激发学生的兴趣”与“单纯从兴趣出发”两者区别开来。所谓单纯从兴趣出发，就是以学生的兴趣为中心，背离全面锻炼的原则，学生喜欢什么教师就教什么，练什么。这种长期的片面迁就学生兴趣的做法，会带来不良后果。

五、生理、心理负荷原则

负荷包括生理负荷和心理负荷两方面。合理安排生理负荷和心理负荷是指在体育教学中要使学生承受适当的生理负荷和心理负荷，练习与休息合理交替，以促使学生身心全面协调地发展。

从生理变化的规律来看，人体功能的改善和提高，必须在适宜的生理负荷刺激下才能实现。所以在一定的限度内，生理负荷大，超量恢复效果也就好，适应变化也加大；但如果生理刺激的强度过大，超过了一定的限度，生理机能就会受到伤害；而生理负荷刺激强度过小，对生理机能的发展也不会产生良好的作用。

第一，合理安排生理负荷。新授课和复习课在安排生理负荷时应有不同的要求。学生的性别、年龄、健康状况不同，安排生理负荷时，要注意区别对待。不同性质的教材，应考虑它们对身体机能的不同作用和影响，做出科学安排。此外，学生的生活制度、营养条件和其他体力活动的负担、所在地区的气候因素及作业场所的环境等，在安排生理负荷时应给予全面考虑。

第二，正确处理生理负荷的量和强度的关系。负荷量和负荷强度应互相配合，逐步加强。在体育教学中通常是先增加负荷量，待适应以后，再增加负荷强度。在增加量时，强度宜适当下降；在增加强度时，量则应该适当减少。这样，量和强度交替的增加和下降，才能使学生承担负荷的能力逐步得到提高。

第三，正确处理生理负荷的表面数据和内部数据的关系。表面数据是指运动动作练习的量和强度。内部数据是指负荷量和强度所引起的一系列的生理、生化变化。生理负荷的表面数据与内部数据在通常的情况下是一致的。但因学生的体质强弱和身体运动水平不同，一定负荷的表面数据作用于不同的学生，可以产生不同的内部数据。所以，在分析生理负荷时，应把表面数据和内部数据结合起来加以判断和评价。

第四，合理安排心理负荷。安排心理负荷时主要注意情绪、意志两方面，既要与教学进程相联系，又要与生理负荷相配合，使之高低起伏，节奏鲜明，起到相互调剂、相互补充的效果。

第五，做好生理负荷和心理负荷的测量、统计和分析工作。在评价体育课的质量时，既要安排生理负荷的测量，又要安排心理负荷的测量，以便从生理和心理两方面进行全面客观的评价。①

---

① 卢竞荣：《体育教学论》，人民体育出版社 2016 年版。

六、循序渐进原则

循序渐进原则是指体育教学内容、教学方法和负荷的安排顺序，必须遵循系统性和连贯性的要求，符合学生的年龄、性别的特点，使学生按照一定客观规律的顺序，逐步得到提高和发展。

在体育教学中，必须遵循由易到难、由简到繁、由未知到已知，才能使学生更好地掌握体育的知识、技术和技能。贯彻和运用循序渐进原则的基本要求如下：

第一，提高教师素养。教师要提高自己的学科与专业素养，深刻了解学生身心发展的一般规律和特点，了解各项教材的系统性以及各项教材之间的关系。

第二，制订教学计划。制订切实可行的教学工作计划，保证教学工作系统连贯地进行。在制订教学计划时，每个运动项目、每次课、每学期的内容和教法，都应前后相接，逐步提高。

第三，安排教学内容。在安排教学内容时，既要考虑该运动项目由易到难、由简到繁的顺序，又要考虑与其他运动项目之间的关系。先安排哪个项目，后安排哪个项目，要符合循序渐进的要求，使得前一个项目的掌握能利于后一个项目的学习。

第四，提高生理负荷。体育课中生理负荷的安排，应采取波浪式、有节奏地逐步提高，这是因为肌体适应某种生理负荷需要一定的时间。就一学年或一学期来说，应有节奏地交替进行不同负荷的体育课。本次课的生理负荷时机，应该尽量安排在前次课所产生的超量恢复水平上，这样才能使肌体的机能水平得到逐步提高。

七、巩固提高原则

巩固提高原则是指在体育教学中，要使学生牢固地掌握所学的基本知识、基本技术和基本技能，不断地发展体能和增强体质。

反复练习可使动作条件反射不断地建立和巩固，并在大脑皮质建立动力定型。但是，动力定型建立后，还需要继续练习，不断强化，使得动力定型更加巩固和完善，否则，已经形成的动力定型还会消退，从而影响教学质量。贯彻与运用巩固提高原则的基本要求如下：

第一，反复练习。组织学生进行反复的练习，增加练习密度。不断巩固运动条件反射是贯彻巩固提高原则的基本方法。在课堂上使学生有足够的练习时间和重复次数。但是反复练习不是简单机械的重复，而是要在原有的基础上逐步提高要求，不断地消除动作的缺点和错误，使学生看到自己的进步，就能更好地激发学生反复练习的兴趣，就更有利于学生巩固和提高所学的知识、技术和技能。

第二，多方式练习。采用提问、测验、竞赛等多种方式，是贯彻巩固提高原则的有效手段。在运用这些手段时，要根据课堂的目标和要求进行。提问要有启发性，在教学告一段落时，可采取竞赛手段，观察学生在复杂多变的条件下，能否熟练运用所学的体育知识、技术和技能。

第三，改变练习条件。改变练习条件，对巩固提高体育基本技术、技能能够起到良好的作用。改变练习条件包括场地、器材及动作结构、环境条件等。如平地跑改为斜坡跑，改变器械重量和动作组合等。

第四，课内外相结合。教师在课堂教学的基础上，可布置一定的课外体育作业或家庭作业，使课内外紧密结合，达到巩固提高的目的。

第五，培养进取动机。不断提出新的目标，培养学生的兴趣和进取动机。

以上体育教学原则是一个相对完整的体系，应相互联系、相互补充，在体育教学中应全面、正确地贯彻执行。体育教学原则是一个发展范畴，但在一定时期内，又具有相对的稳定性。随着体育教学实践的发展以及人们对体育教学规律认识的不断深化，体育教学原则也将得到不断的充实和发展，比如注重体验运动的乐趣原则、提高运动认知和传承运动文化原则、集体教育原则、安全运动与安全卫生教育原则、师生共同协作原则等，所以，教师可根据实际情况灵活地加以运用。

第四节　体育教学任务与目标的融合发展

体育教学目标的制定要反映体育教学的发展趋势，从实际出发，系统地把握体育教学目标，整体协调与衔接。教学目标的表述力求准确、具体，将体育教学目标分解成细致的操作目标，而且要有一定的弹性。具体分析如下：

制定体育教学目标要有长远的观点，反映体育教学的发展趋势，这样制定的教学目标才具有导向和激励作用。同时，制定体育教学目标又要从实际出发，全面准确地掌握学校体育教学内部与外部的条件及环境，将需求和可能性结合起来，才能制定出科学的体育教学目标。

体育教学目标是一个结构严密、层次分明、排列有序的系统，体育教学目标应具有整体性，注意不同层次和序列的体育教学目标间的协调与衔接。不仅要设立各类、各层具体体育教学目标，而且要使各层、各类体育教学目标合纵连横，形成一个完整和谐的系统，使之较好地体现体育教学目标的系统性、层次性、递阶性和联系性，如小学体育教学目标制定是否合理，将影响到中学乃至大学。体育教学目标只有形成一个合纵连横的网络系统，才能充分发挥体育教学目标的系统功能。

体育教学目标必须明确规定教学后所要达到的结果，必须用可观察的、可测量的、具体化的量化指标加以描述。体育教学目标明确、具体、可量化，有利于加强体育教学工作的计划性，为体育教学实施，特别是检查与评价体育教学工作奠定基础。如果体育教学目标含混不清，势必会影响体育教学内容的选择和体育教学方法的运用以及体育教学策略的制定和评价，这样体育教学目标作用的发挥受到了限制，从而影响体育教学效果。

体育教学目标必须分解成细致的操作目标，才可使教学目标的要求落到实处。具体的体育教学目标包括学习目标（母目标）、依据学习目标界定和编写行为目标（子目标）。行为目标是衡量学习目标达成与否的具体目标，学习目标的达成有赖于行为目标的逐一实现。因此，体育教学目标的细目分解直接关系到体育教学效果的优化和体育教学质量的提高，每个体育教师都应该具备细致分解的能力。

体育教学目标受多种因素的影响制约，而诸多因素都在不断变化：保持体育教学目标的稳定性是相对的，而体育教学目标的发展、变化是绝对的。这就要求在制定体育教学目标时，要保持一定的弹性，以便依据实际情况进行必要的修改或调整。

一、体育教学目标的制定依据与准则

（一）体育教学目标的制定依据

1. 以功能为依据

体育教学的功能影响着体育教学目标维度的确定，体育教学目标的制定，应突出其增强体质、促进身心健康、发展体能的本质功能。同时，也应全面考虑在体育教学本质功能的规定与影响下，体育教学目标所反映的体育教学多种功能的可能性依据。随着对体育教学多向功能的挖掘，教学目标的维度也将趋向多元化。

2. 以课程目标为依据

体育教学目标体现了我国的教育、体育有关方针和政策的基本精神，以及国家、社会对体育教学的要求，是制定体育教学目标的重要依据。国家教育部颁发的各级体育教学课程标准，根据体育教学的总目标，制定了各个年级的教学目标和各项教材的教学目标，从而形成了体育教学目标体系，是制定体育教学目标的指令性依据。每一上位目标都是其下位各层次目标的累积，每一下位目标必是其上位目标的细化，所以，制定教学目标时，应以其上位目标，包括体育教学目标为依据。

3. 以教学内容为依据

体育教学目标的制定必须立足于对教学内容的认真分析，通过对教学内容基本结构与特点的整体把握，分析其中的教育元素，确定教学的重点和难点，为建立体育教学目标奠定基础。

4. 以学生条件为依据

体育教学的对象是学生，体育教学目标必须根据青少年生长发育的不同阶段、不同时期身心发展的特点及其规律，以及学生对体育的兴趣、态度、需要、学习倾向等个性因素提出相应的目标。这是制定体育教学目标的生理学和心理学的科学性依据。需要说明的是，目标的制定在考虑学生群体的特点时，还应充分考虑学生个体的差异性，以使每个学生都得到充分的发展。

5. 以教学条件为依据

教学条件是制约体育教学目标实现的重要因素。在制定体育教学目标时，应考虑到学校现有的物质条件，主要指满足体育教学的场地、器材、设施等。当前，各级、各类的学校、城市与乡镇的学校，甚至同一地区的不同学校，条件都千差万别，发展不平衡。为了确保体育教学目标具有可行性，在制定体育教学目标时，必须从实际出发，充分考虑学校的客观条件、可能性与可行性依据，以便使所设计的目标更符合实际，更具可行性。

（二）体育教学目标的制定准则

1. 系统性

体育教学目标是由若干个具体目标组成的完整系统，各层次目标之间构成一个有机的网络，它们纵横有序，层次分明。制定任何一种教学目标都不是孤立的，应是一系列教学目标体系中的一个有机组成部分，和其他教学目标之间具有一定的关联性。在纵向上，要体现不同学段、不同学年、不同单元，以及不同课时之间的贯穿性和衔接性；在横向上，不同学习方面的目标之间应相互配合、彼此补充。这样纵横连贯地制定体育教学目标，才能保证体育教学的终极目标及其教育目的的实现和体育教学目标的要求。

2. 科学性

体育教学目标的科学性体现在五方面：第一，要体现体育学科的特点；第二，要全面包括每一个学习方面；第三，根据教材的特点，突出重点和难点；第四，具体、明确，具有可操作性；第五，难度要适中，所设立的教学目标应该是全班大多数学生经过一定的努力能够达到的。

3. 灵活性

体育教学目标可以由师生根据体育教学的实际情况灵活制定，其内容和水平可以有一定的弹性，以便获得最佳成效。体育教学目标的灵活性是由复杂性决定的，同时又为体育教师创造性地开展体育教学工作提供了机会。灵活性的体育教学目标，可以更好地适应学生的学习特点，使其通过体育教学目标的实现而获得身心方面更有利的发展。

4. 可测性

体育教学目标是对体育教学过程中学生身心发展状况的明确、具体、恰当的描述，而这种内心发展的状态应是利用现有技术手段可以进行定性或定量测量的，这样的体育教学目标的达成才能进行客观的评价，否则，体育教学目标将失去应有的意义。例如，只是运用“了解”“掌握”“熟练掌握”等词，缺乏质和量的具体规定性。这样的目标可测性、可比性都较差，就很难准确测量和评价最终的教学效果，也难以指导教师正确选择教学方法、妥善组织教学过程。

5. 发展性

体育教学的效果最终要落实并体现到学生的身上。体育教学目标的制定，既要着眼于学生现有的发展水平和学习需要，又要放眼未来，使学生升入下一阶段或将来走向社会健康地成长、成才，获得健康完满的生活。

二、体育教学目标制定的步骤与方法

（一）分析体育教学的对象

分析体育教学的对象首先要分析学生的学习需求。学生发展的内在动力是新的需求与原有水平之间的矛盾。新的需求与原有水平之间的差距，就会推动学生努力去学习，即产生学习的需求。在体育教学目标的制定中，学习需求是一个特定的概念，指的是目前状况与所期望达到的状况之间的差距，即学生学习成绩的现状与体育教学目标之间的差距。换言之，学习需求的分析就是分析体育教学中实际存在的问题，重点是分析学生的学习现状。

分析学习需求有两种方法，分别是内部需求评价和外部需求评价。通过这两种分析，若发现确实存在差距，也就存在了问题。于是必须对问题的原因及性质做深入分析。在此基础上，再进一步分析解决问题的可能性。通过对学习需求的分析，找出体育教学中存在的问题及其原因，据此确定体育教学目标。

此外，还要对学生的一般特点、学习风格和学习的知识与能力进行基础分析，因为这些因素也制约着体育教学目标的实现。

（二）分析体育教学的内容

要确保体育教学目标的实现，必须有合乎目标的体育教学内容。分析体育教学内容的目的在于确定体育教学内容的范围和深度，以及理清体育教学中各项知识间的关系，以便更好地安排体育教学程序。体育教学内容可分为不同层次，如可将体育教学内容分为课程、单元、项目等层次。分析体育教学内容的步骤：①单元体育学习任务的选择与组织；②单元体育教学目标的确定；③体育教学任务分类；④体育教学内容的评价；⑤体育教学任务分析；⑥体育教学内容的进一步评价。

（三）编制体育教学的目标

教学目标有多层次，这里说的是体育课堂教学目标的编制。

1. 分解目标

课时体育教学目标之上有体育课程总目标、体育课程学习方面的目标、体育课程水平目标、学年体育教学目标和单元体育教学目标等。它们自上而下通过不断的具体化，从而形成一个完整的体系，而与体育课堂教学目标关系最紧密的当数单元体育教学目标。要明确单元目标的属性，是精学类的单元还是简学类的单元，是开放型的内容还是封闭型的内容，在分解体育课堂教学目标过程中要注意以下四点：第一，目标的整体性，要考虑每次课的目标与课程目标、单元目标的联系；第二，要考虑目标的灵活性，不能“一刀切”，应该针对不同学生的基础制定符合实际的目标；第三，目标的层次性，可以参考目标分类理论，体现出体育学习循序渐进的过程；第四，目标的可操作性，教学目标应该是可测量、可观察的。

2. 分析任务

单元目标确定后，就可以根据单元目标进行任务分析。这里的任务分析实际上就是指对从属知识（技能、能力、态度、情感）以及它们的关系进行的具体分析。

根据单元目标来确定课时教学目标时，这种任务分析通常是与单元教学内容结合进行的，因此，有的人又把这种任务分析称为教学内容分析。通常的做法是，从已确定的教学目标开始提问和分析，要求学生获得教学目标规定的能力，他们必须具备哪些次一级的从属能力；而要培养这些次一级的从属能力，又需具备哪些再次一级的从属能力。这种提问和分析一直进行到教学起点为止。

单元教学目标的类型不同，任务分析就具有不同的特点。这样形成了任务分析的多种方法，如归类分析法、图解分析法、层级分析法等。然后对任务分析的结果进行评价，即对所剖析的从属知识与技能及其相互的联系进行评价，删除与实现单元目标无关的部分，补充可能遗漏的内容。

3. 确定起点

教学目标不是对教师的教学行为的描述，而是指学生的学习结果。既然如此，要制定出合适的教学目标，就不能忽视对学生的分析，对学生的起点能力进行分析，即确定教学的起点。

教学起点定得太高，则可能导致课时教学目标过高，使教学脱离大多数学生的实际需求，教学目标不但不能发挥其作用，反而有可能带来副作用；教学起点定得太低，则会在学生已掌握的内容上或教学活动上浪费时间和精力。一般说来，确定教学起点，主要应对学生进行以下三方面的分析：

（1）分析学生的社会特点。即对学生的学习习惯、学习方法、成熟程度、班级水平、心智发展水平及对所学内容的态度等都要有所了解。这些因素对教学目标制定的影响有不同的特点，有的是经常起作用的，有的是随着时间、内容的变化而变化的，有的影响大些，有的影响小些。这些都要求教师根据具体情况进行具体分析。对学生社会特点的分析，有经验的教师会采用观察、谈话、访问、调查等方法，可以做出较为准确的估计。

（2）分析学生的预备技能。即了解学生是否已经掌握新的相关知识和技能，这是学习的基础。

（3）分析学生的目标技能。即了解学生是否已经掌握或部分掌握教学目标中要求学会的知识与技能。如果已经达到了部分目标，则这部分内容的教学没有必要进行。

对学生预备技能和目标技能的分析可采用观察、谈话等方法，也可采用测试的方法。在实际进行教学起点分析时，是否要对起点能力的三方面分别进行分析，或是否要用测试的方法，都可以根据设计者的学科专业水平、经验以及对学生的熟悉程度等情况灵活运用。

学习任务分析与教学起点的确定是密不可分的。没有学习任务分析，就无所谓教学起点的确定；没有教学起点的确定，学习任务分析就失去了终点。在制定教学目标时，这两方面的分析通常是同时进行的，两个步骤并不存在明显的先后关系。

（四）体育教学目标的表述

在制定教学目标时，必须对学生通过每一项从属知识和技能的学习应达到的行为状态做出具体、明确的表述，再将这些表述进行类别化和层次化的处理。课时教学目标的表述除前面要求的需要具体、可操作、可测量和必须陈述学生的学习结果外，目标的表述还应反映学习结果的类型。结合课时教学目标的表述要求，具体有以下两种表述方法：

1. 行为观的表述方法

行为观的表述方法强调用可观察、可测量的外显行为来描述。这类方法很多，可以以“ABCD”模式学习目标编写方法为例进行介绍。该方法认为明确的行为目标主要包含四个要素，简称 ABCD 表述方法。A、B、C、D 的含义分别是：

A（Audience），意指学生。要有明确的教学对象，是目标句子中的主语：规范的行为目标的开头应是“学生……”书写时可以省略，但目标表述的方式仍应较明显地体现出学生是行为完成的主体，如（学生）能说出单手肩上投篮的动作要领。如写成“教会学生……”或“培养学生……”则变为教师的行为。

B（Behaviour），意为行为。要说明通过学习后，学生能做什么，是目标句子中的谓语和宾语，是目标中最基本的成分，行为的表述应具有可观察、可测量的特点，应运用明确的行为动词来描述，明确的动词有陈述、比较、模仿、示范等。模糊的动词包括指导、了解、喜欢等。在表述时，应尽可能选用那些意义明确、易于观察的行为动词。陈述行为的方法是运用动宾结构的短语，行为动词说明学习类型，宾语说明学习的内容，通常在行为动词后面，加上动作的对象就构成了对行为的表述。

C（Conditions），意为条件。要说明上述行为在什么条件下产生，是目标句子中的状语。这是指影响学生产生学习结果的特定限制或范围，主要说明学生在何种情境或条件下完成指定的操作。对行为条件的表述，体育教学中常用的有：环境因素，包括对学习空间、学习地点的限制，如“在沙坑里完成纵跳”；条件的因素，包括对器材的高度和重量的规定，以及允许或不允许运用器材与辅助手段等，如“用2千克的实心球向前、后抛”，或“在同学的帮助下跳过山羊”；提供信息或提示，如“借助人体解剖图，说出……”；完成行为的情境，如“在课堂讨论时，叙述出……”。

D（Degree），意为程度。应明确上述行为的标准。指评定行为的最低依据，或学生对目标所达到的最低水准，包括三类：第一，完成动作的时间限制，如 x 分钟内完成 n 个动作；第二，完成动作的准确性，如动作的正确率至少达80%；第三，完成动作的成功特点，如肢体动作的速度、柔韧性达到某一标准。

也有人称ABCD模式的教学目标为行为目标，这种行为目标的优点是避免了传统方法的含糊性。缺点是只强调行为结果而忽视内在心理过程，违背了学习的真义，有的学习结果也很难行为化。

2. 内外结合的表述方法

为了弥补ABCD模式的不足，有人提出了一种内外结合的表述方法。ABCD法虽然具体可测，避免了模糊性，却忽视了内在能力和情感的变化。教育的真正目标不是具体的行为变化，而是内在能力或情感的变化，而内在的心理变化，如理解、热爱、尊重等，不能直接进行观察和测量。为了能间接地测量、观察内在心理变化，需要列举反映这些内在变化的行为样品，使这个目标具体化。这就是内部过程与外显行为相结合的折中陈述方法的意义。例如，“球类运动中要培养学生的团队精神”这个目标可以表述为：“学生具有一定的团队精神；能说出团队精神的大概意义；能在运动中与同伴进行适时的传接球的密切配合；能够指出运动中由于同伴的配合不当所造成的失误。”第一句话是对内部过程的表述，后面三句话是为了说明内部过程而表述的可观察、可测量的外显行为。两者相结合的表述方法，不仅可以保留行为目标表述的优点，还可以避免行为目标只顾及具体行为变化而忽视内在心理过程变化的缺点，所以这种表述方法受到很多人的青睐，既适合认知目标的表述，也适合情感目标的表述。不宜量化的目标表述可见表2-2。

表 2-2　不宜量化的目标表述

目标	表述
具有积极进取的人生态度	在运动中不怕困难，敢于挑战，经常鼓励同伴振作精神，能够正确地面对失败，毫不气馁
具有自主探究学习能力	经常思考自己的动作是否合理 经常对同伴或教师的讲解提出疑问 经常尝试新的练习方法

需要说明的是，由于实际教学的复杂性和多样性，教学目标的拟写未必需要严格套用此法。一些教学目标的表述不能拘泥于某一种形式，而必须根据目标的层次、学习任务分析的结果、学生的特点等情况具体分析，只要简洁明了，容易理解就可以了。

第三章 体育教学的政策发展与原则改革研究

第一节 外国的体育教学政策分析

要突破当前我国体育教学所面临的困境，必须对其进行深化改革和顶层设计，才能逐步摆脱困境，进而实现体育教学发展的预期目标。对我国当前的体育教学进行深化改革和顶层设计，进行科学、适当的政策调整至关重要。为了给我国的体育教学改革与政策调整提供更多的域外实践经验，尽量避免我国的体育教学改革和政策调整走弯路，对当代发达国家的体育教学政策调整与实践进行系统的归纳与研究，就显得十分重要。然而，国外的体育教学政策调整涉及的部门多、政策量大，完全搜集到每个国家的体育教学政策文本既不现实，也不可能。故此，主要选取英国、美国、日本三个国家作为对象，对其体育教学政策进行系统研究。由于体育教学政策的作用对象在各个国家间的差异并不大，故此，本节主要就体育教学政策的政策目标、政策工具以及政策治理机制进行系统研究。

一、英国体育教学政策概述

体育教学政策的目标，可以理解为政府机构及其他组织为了解决体育教学领域的问题，通过政策工具的设计所要实现的预期和效果。据此，政策目标的内涵可以理解为对解决社会问题的一种预期，而且这种预期通过政策工具的设计，对解决某种社会问题具有针对性和可能性。

（一）英国体育教学政策的目标

英国体育教学政策的主要目标是提升儿童表现力、养成体育习惯以及形成强健的体格。在英国，认为体育课程能够提高儿童表现、培养信心、团队意识以及竞争意识是一种共识。正是基于社会、政府对体育课程能够提升儿童表现以及竞争力的共识，从 1988 年英国《教育改革法》实施后，中央政府就加强了对体育课程的控制。随后，基于该标准的体育课程得以在全国贯彻和实施，并根据教育改革与体育教学实践存在的问题，先后多次进行了修订。

1997 年，英国在《英国：体育大国》中，就明确指出“学校应鼓励学生养成体育活动的习惯，并强调体育活动有助于个人发展，拓展学生的兴趣和经验，能够增加自己成功的机会，可以建立良好的人际关系”。2004 年，为了鼓励青少年参与体育活动，调动学校、教师、俱乐部管理者以及教练的积极性，英国教育部与需求链管理系统（Demand Chain Management System）联合颁布了《青少年优质体育教育和运动指南》，该指南对优质体育教育和运动做出了明确的规定和指引。而英国教育部 2013 年 11 月公布的政策——《英国国家课程：体育课程学习纲要》，又一次明确指出了体育课程有助于促进儿童健康、提高儿童表现和竞争力。因此可知，提升儿童表现、增强儿童竞争力、形成体育习惯以及培养体格强健的人才，是英国体育教学政策追求的直接动力和主要目标。

为了达成体育教学政策目标，需要合理分配事关体育教学发展的核心要素人、财、物的分配以及信息的交换。而要合理分配上述事关体育教学发展的要素，从政策的角度看，需要理顺治理关系与明确责任主体。研究者对英国的体育教学政策研究后发现，英国体育教学政策的管理主体明确、责任清晰，形成了官方与半官方机构协作运行的治理体制。具体可以从以下四方面进行论述：

第一，从英国学校政策制定的角度看，英国体育教学政策的制定主体涉及的部门较多，既包括教育部，文化、媒体与体育部，儿童、学校与家庭事务部，环境、食品与农村事务部等官方机构，也包括英国体育理事会、英国奥林匹克委员会以及众多娱乐体育委员会等半官方的机构。这些官方与半官方的机构合在一起形成了英国体育教学政策制定的基本体系，它们各司其职、协同运行，共同维护着英国体育教学的运行及发展。

第二，从体育课程治理的实践看，英国体育教学的治理体制形成了以国家体育课程标准为主的三级体育课程治理体制，即地方和学校在必须贯彻、执行国家体育课程标准的同时可以有限地选择体育课程与教学计划的内容。事实上，英国也在三级体育课程治理框架下形成了以教育部管理校内的体育事务为主：颁布、修订英国体育课程标准以及规定课外体育活动，以媒体与体育部、学校与家庭事务部、英国体育理事会以及娱乐体育委员会等官方与半官方机构协同治理校外体育活动为辅的治理体制，英国这种体育教学的治理体制可以概括为“一体化”的治理体制。

第三，从官方机构的政策看，学校与家庭事务部制订的《儿童计划：形塑光明未来》政策指出：“该计划的首要目标就是促进家庭与家长的参与，实现 0~18 岁孩子的身体健康。”英国中央政府以及英国环境、食品与农村事务部制定的《体育场地安全法》从建设、资金、场地到运用等都是为了促进青少年积极参与体育活动。

第四，从半官方机构的政策看，如英国体育理事会通过调查与评估，形成调查报告向英国政府建议制定政策或依据政府拨付资金自己拟订青少年体育参与的各种计划。

因此可知，英国校内外“一体化”的体育教学政策制定与治理体制，既实现了国家对体育教学发展方向、质量与标准的控制以及国家意志的彰显，也充分调动了社会各种力量和资源支持学校、学生以及家庭共同参与到体育教学中来，以促进英国的青少年形成体育习惯、达到体格强健的目的。总体上来讲，英国体育教学政策形成了政府部门引导、半官方机构配合以及社会组织共同参与促进的局面。事实上，在英国体育教学政策治理的过程中，政府较为强调协作关系，而不是简单的管理与被管理关系，尤其是在体育教学政策的执行过程中，政府机构、半官方机构以及社会团体之间的关系强调为伙伴关系。如媒体与体育部、学校与家庭事务部等政府机构颁布的相关文件也将参与各方的关系界定为伙伴关系，而不是上下级的隶属关系。

（二）英国体育教学政策的工具

政策工具不仅能够调动资源和影响人们的行为，而且还具有很强的象征性，即可以告诉人们，政府将要做什么、对解决问题的总体看法以及公共部门可能做出的反应。因此，政策工具直接影响着政策的实施和效果，而政策效果的呈现需要选择合适的政策工具，并在实践中逐步将其制度化，以进一步推动问题的解决。

英国体育教学政策权威工具的主要表现形式是相关法律与体育课程标准。法律作为英国体育教学政策的权威工具并不难理解，关键是此处将体育课程标准列为权威工具需要进一步的解释。20 世纪 80 年代，英国经济衰退、欧洲一体化加速推进以及基础教育水平的滑坡，导致了社会各界对教育不满情绪的剧增。为了提升英国的基础教育水平和国家竞争力，在保守党政府的推动下，1988 年制定了《教育改革法案》，该法案要求公立学校的基础教育实施国家课程。在该法案的要求下，英国启动了基础教育阶段包括体育学科在内的 10 门学科的国家课程标准的研制，并于 1995 年颁布了要求全国公立学校实施的体育课程标准。随后，依据实施 1995 版《体育课程标准》中出现的问题，修订并颁布了新版 2011 版《体育课程标准》。

（三）英国体育教学政策的治理机制

第一，英国体育教学的政策治理机制是通过体育课程、校外体育活动以及健康教育的方式来运行的。从体育课程的治理机制看，它在“儿童中心论”的指引下形成了关注儿童个性发展、注重基础技能培养和养成体育习惯的体育课程运行机制。有多位学者指出：在义务教育（5~16 岁）阶段，体育课是英国学校教育的基础课程之一，学校必须按照国家体育课程标准进行教学，形成了以国家体育课程标准为主导，地方与学校在贯彻国家标准的前提下，可以有限分权的三级体育课程政策的治理机制。

第二，英国校外体育活动和健康教育的治理机制。校外体育活动作为英国体育教学的重要组成部分，有效地促进了英国体育教学的发展。在英国，肩负管理与推广校外体育活动重任的主要官方机构是媒体与体育部和学校与家庭事务部，半官方机构的代表为英国体育理事会。除此之外，社区体育俱乐部和非营利性组织在国家政策、资金的扶持下，也积极地参与到校外体育活动的推广中。尽管英国的经济政策是自由主义、市场导向，但从媒体与体育部、学校与家庭事务部等负责校外体育活动运行的实践看，媒体与体育部和学校与家庭事务部既有对半官方的英国体育理事会等机构的授权，也有与社区、学校、俱乐部、营利组织的协作。从英国健康教育的运行机制看，主要参与部门是卫生相关部门和教育部，主要方式就是设立健康教育课。从英国健康教育的实践看，在卫生相关部门和教育部的健康教育政策的指引下，由体育教师进行授课，既可以较好地促进青少年的身体活动水平和运动能力的提升，也可以有效地提升青少年的健康意识和预防意识。

二、美国学校的体育政策概述

（一）美国体育教学政策的目标

从美国国会、联邦政府、州政府以及其他组织颁布的系列法案、政策、计划、方案以及标准看，促进健康、预防以及减少肥胖是美国体育教学政策的主要目标。

2004 年，美国国会颁布的《2004 年儿童营养和 WIC 重新授权法案》（Child Nutrition and WIC Reauthorization Act of 2004）明确规定，接受联邦政府资助的学区，必须制订完整的体育教学与营养计划，鼓励学区和学校提供体育课，以及增加体育活动的时间。

从美国国家体育教育与运动协会修订的《全国健康教育标准》和颁布的《K-12 阶段体育教育年级水平结果》来看，积极参与体育活动和增进健康不仅是其标准的基本内容，也是其标准追求的主要目标。可见，美国系列有关体育教学的法案、政策、计划、方案以及标准的主要目标是促进美国的青少年健康、预防肥胖以及形成健康的生活方式。而上述的系列政策也表明，实现目标的基本措施就是增加青少年的体育活动时间和减少久坐行为。

美国为了实现体育教学政策的预期目标，采取了与英国不同的政策治理方式，它既缺乏像英国一样通行全国公立学校的体育课程标准，也缺乏主导全国体育教学的管理机构。事实上，按照各州宪法、法律的授权或规定，教育事务的管理权在各州的教育委员会、学区与学校。基于此种政治架构，美国的学校教育与管理也形成了地方分权的治理体制。而体育教学作为美国基础教育的组成部分之一，几乎在各个州的法律框架下都得以确认，其自然也隶属于地方分权的治理模式。

从美国的体育教学政策治理形式看，由于地方分权制的原因，各个州、学区甚至同一个州的同一学区都有可能采取不同的体育课程内容与教学计划，并因此形成了较为松散的体育教学政策治理模式。从美国体育教学的课程治理实践看，体育教学内容与课程标准的确立受美国政府机构的影响并不大，反而深深地受到社会组织的影响，这与美国发达的社会组织体系不无关系。事实上，长期以来，美国的体育教学课程与教学内容一直深受美国运动与体育教育协会和美国学前体育教育委员会的影响。美国运动与体育教育协会的基本职能是鼓励、指导、评估与协调和运动有关的计划、方案，以及促进青少年的体育活动计划，它主要负责美国基础教育阶段的体育课程与教学内容的研发、管理与指导，而美国学前体育教育委员会则主要负责美国学前阶段的体育课程与教学内容的研发、管理与指导。

尽管美国联邦政府缺乏干预体育教学的宪法基础，但这并不意味着联邦政府放弃了对体育教学的治理与干预。目前，联邦政府对体育教学进行政策干预的主要途径包括议会立法动议、拨款以及总统咨询委员会的推动。从美国课余体育训练、竞赛的政策治理看，美国的大、中、小学组建了较为完备的体育协会，大多数州也设有相应负责学生竞赛事务的管理机构，形成了各类体育协会主导学生体育竞赛事务的治理体制。由以上可知，总体上来讲，为了落实联邦及州政府的体育教学政策目标，美国的体育教学形成了社团主导型的政策治理模式。

（二）美国体育教学政策的工具

从权威工具看，美国体育教学政策工具的主要表现形式是法律。由于美国宪法修正案确立了教育权属于州政府的条款，所以，美国联邦政府并未颁布强制全国执行的体育教学法。在美国的法律体系中，有关体育教学的法律由各州自行制定。尽管美国没有强制全国执行的体育教学法，但联邦政府为了实现对体育教学的宏观管理与调控，试图绕过宪法的刚性约束，从其他方面进行立法并有意对体育教学进行渗透与调控。

第一，激励工具和能力工具。美国体育教学政策工具中运用最多的是激励工具。激励的主要形式为拨款、补贴以及税收优惠。为了鼓励、促进各州的教育，以及实现平等和统一的学业水平，2001 年小布什政府推出了《不让一个儿童落后法案》。2015 年 12 月 10 日，美国总统奥巴马签署《让每个学生成功法案》，以取代已经实行 10 多年的《不让一个儿童落后法案》。并对达到其要求的各个学区和学校提供联邦政府的拨款支持。2009 年联邦教育部推出了“力争上游”计划，它面向全美所有学区和学校提供了高达 4 亿美元的补贴额度。而税收优惠则主要针对场馆以及体育设施的建设与运营。美国体育教学政策能力工具的表现形式为资格准入、场馆建设以及培训等。在美国，体育教师资格的准入标准是由美国运动与体育教育协会先后颁布的《美国国家初级体育教师教育标准》与《美国国家高级体育教师教育标准》等文件规范。

第二，象征劝告工具与学习工具。美国体育教学政策的象征劝告工具的主要表现形式包括实施国家体育教育周、体育活动月、发布体质监测报告、政府白皮书以及总统和夫人参与公益性组织的体育示范性活动等多种形式。从美国体育教学政策的学习工具看，主要表现形式为体育课程标准、联邦议会以及州议会的联署议案和提案等。笔者将美国体育课程标准归为学习工具的主要原因是，该标准是由美国运动与体育教育协会颁布，并非由政府部门制定和颁布，其标准的强制性和权威性不足。事实上，在颁布标准之前，美国国会1994年即颁布了《2000年目标：美国教育法》，该法案明确将制定国家教育标准写入了联邦法律。正是在联邦政府教育标准化法律的推动与指引下，美国运动与体育教育协会才于1995年研制并颁布了美国体育教学史上第一个国家体育课程标准，即《面向未来：国家体育教育标准》。该标准公布后即引起了美国各州的注意，并得到了许多州的响应与运用。后来经过十余年的实践与反馈，美国运动与体育教育协会2005年又重新修订并公布了新版的美国体育课程标准。而联邦议会和州议会通过涉及体育教学政策的联名提案、议案的讨论，对从某方面促进体育教学的发展达成共识后，才有可能获得通过和颁布实施。

（三）美国体育教学政策的治理机制

美国体育教学领域的改革与政策调整，始终沿着预防青少年肥胖、健康生活方式促进以及体育教育标准驱动的轨迹进行。在上述轨迹的影响下，美国的体育教学政策治理机制也体现在三个不同领域的部门或组织，即以美国卫生与公共服务部、健康促进与疾病预防办公室以及美国疾病控制与防御中心为主的青少年肥胖预防机制，以州教育委员会为主的健康生活方式促进机制和以美国运动与体育教育协会、美国学前体育教育委员会等行业组织为主的体育课程标准驱动机制。从美国卫生与公共服务部，美国疾病控制与防御中心的政策治理机制看，它主要面向全美青少年发布预防肥胖的计划、报告、指南以及政策，以此来提醒、警示人们关注青少年的肥胖问题，并为预防肥胖提供计划、指南与政策路径。

从州的层面看，尽管美国各州体育教学政策的治理机制不尽相同，但让学生通过体育课程的学习，形成健康生活方式的目标是一致的。事实上，美国各州也没有统一的体育课程与教学大纲，同一个州的不同学校，甚至同一个学区的不同学校，体育课程与教学大纲都存在着较大的差异。因此，美国缺乏整齐划一的体育课程与大纲政策，这也与美国文化中强调个性、追求自由的社会环境不无关联。美国各州缺乏统一的体育课程与教学大纲，并不意味着州政府层面漠视或者放弃了对体育教学的控制与政策治理。相反，各州教育委员会、学区都对体育教学的运行进行监督和治理，它主要是通过体育教师资格准入、体育设施建设、拨款以及绩效考核等间接方式对体育教学的运行进行监督与治理。从美国的美国运动与体育教育协会、美国学前体育教育委员会等行业组织看，它们主要职责之一就是制定、颁布以及修订美国的国家体育课程标准。虽然美国运动与体育教育协会、美国学前体育教育委员会颁布的国家体育课程标准不具有法定效力，是否运用的决定权在各州政府，但是它颁布的标准却具有很大的影响力。有些州直接运用该标准，而有些州则在此标准基础上修改后运用。从美国教育及体育教学发展的趋势看，体育课程标准化已经来临。美国各州为了改变长期以来教育中缺乏标准的不利局面，由州长协会发起了《州共同核心课程标准》运动，并于2011年正式颁布了首部《州共同核心课程标准》，且该标准已经获得了45个州的认可。因此，在上述两股力量的推动下，美国体育课程标准化的政策治理趋势在所难免。

三、日本体育教学的政策概述

（一）日本体育教学的政策目标

随着日本社会、经济和教育的不断发展，日本的体育教学政策目标也在不断转换，这从日本体育教学领域的主要政策之一《学习指导纲要》的系列修订与再执行中就可以管中窥豹。自“二战”日本战败以来，《学习指导纲要》经过8次修订，至今仍在日本体育教学中发挥着重要的作用。1953年版的《学习指导纲要》提出了体育教学促进学生身体发展、培养生活态度以及进行各种体育活动的政策目标。1968年版的《学习指导纲要》的总目标是理解运动经验、增进健康、提高体力以及培养健康安全生活态度的政策目标。1988年版的《学习指导纲要》提出了理解科学合理的运动经验、在运动中增进健康、提高体力以及培养快乐生活态度的政策目标。2008年最新版的《学习指导纲要》则强调身体器官的协调发展、培养社会态度、形成健康的生活习惯以及养成终身体育习惯的政策目标。

事实上，日本为了培养青少年形成健康的生活习惯、促进身体协调发展、培养社会态度以及养成体育习惯，其他相关政策的制定也着重围绕着上述的目标进行。如日本在学校保健课中实施了大单元制、改善指导方法、调整学习内容以及增加课时等措施。日本文部科学省正式颁布了《体育立国战略》，推出了学校、社区与俱乐部一体化发展的政策，旨在建立日本体育教学与社区、俱乐部以及其他组织之间的协作体系，以此来进一步推动日本青少年参与体育活动。从上述日本的体育课程、体育保健课以及校外体育的政策治理来看，日本的体育教学政策目标可以概述为促进青少年健康、形成体育习惯、培养社会态度以及养成健康的生活方式。

日本自“二战”战败以来，非常重视教育尤其是基础阶段的教育，并经过一系列的改革与政策调整，基本形成了国家负责、标准统一与地方协调的义务教育治理模式。进入20世纪90年代后，随着日本经济由盛转衰与经济神话破灭，国内对教育改革和地方分权的呼声日益高涨。日本为了应对经济、政治和教育发展的新形势，开始了教育治理权限地方分权的改革，并将权力下放给地方和学校作为改革的主要目标。伴随着日本教育治理权限改革与政策的调整，其体育教学的政策治理也同步进行着改革与调整，并形成了以教育部门的治理为主，政府与社会组织共同治理的模式。

从政府治理的层面看，形成了文部省体育局、都道府县以及市区町村教委体育保健科三级的体育教学治理模式。从宏观治理的层面看，日本体育教学的宏观治理包括发展方向、政策制定、实施监督以及协调社会组织等，这主要由政府部门的文部省体育局来承担；从微观治理的层面看，日本体育教学治理的具体事务则交由体育教学协会等社会组织来承担；从学校治理的层面看，日本法律规定，体育课为中小学的必修课，需要按国家统一标准进行授课，而且还要求中学必须设立运动部，并由校长担任运动部长进行指导。由以上可知，日本体育教学的政策治理模式既发挥了政府对体育教学进行宏观治理的优势，又调动了社会组织积极参与体育教学事务的热情，能够较好地促进体育教学的发展。

（二）日本体育教学政策的工具

（1）日本体育教学政策的权威工具和激励工具。日本体育教学政策的权威工具主要表现形式为法律，日本有关体育教学的法律包括《教育基本法》《教职员资格证书法》以及《体育振兴法》，这三部法律从体育课程、师资标准、经费运用以及管理等方面，对涉及体育教学发展的相关要素做出了权威性的界定，基本保障了日本体育教学的发展与运行。例如，日本的《教育基本法》规定了体育课为中小学的必修课程，《教职员资格证书法》确立了教师从业资格与标准。从激励工具来看，主要表现形式为政府拨款和补贴。政府拨款主要用于体育场馆的建设，其资金来源于体育彩票收益和财政资金；补贴主要用于地方体育设施的运营及维护，接受补贴的体育馆、体验中心以及游泳池等可向国土交通省和文部科学省提出申请。除此之外，日本也有大量民间资本建设的体育场馆，建设资金和运行费用实行社会化管理，政府不承担相关的运营与管理费用。

（2）能力工具、象征劝告工具以及学习工具。能力工具的表现形式为教师资格准入以及体育设施提供等。从师资层面看，日本《教职员资格证书法》对各学科的教师资格也都做出了明确的规定。除此之外，体育设施既有政府拨款建设的，也有按照社会化融资运行建设的。象征劝告工具的表现形式为每年进行的青少年体质健康监测、发布监测结果等。日本为世界上最早进行青少年体质健康监测的国家，对青少年体质健康监测非常重视，并通过发布监测报告提醒、警示政府、社会、学校以及家长关注青少年的体质健康。而学习工具的表现形式为课程标准、教学计划、学生手册、议案以及提案等多个方面。其中学生手册为日本青少年体质健康监测政策的亮点之一，学校每年将学生体质健康监测的各项指标和数据填写到学生手册上，学生可以据此数据依据相应的公式计算自己的体质情况，并在教师指导下根据计算结果制订符合自己的运动处方和体育锻炼计划。

（三）日本体育教学政策的治理机制

开展体育保健课教学与课余体育活动是日本体育教学政策治理的两种基本方式。

（1）日本的体育保健课教学。教学主要围绕着文部省颁布、修订的《学习指导纲要》的规定及要求进行。随着经济和社会的发展，日本青少年也面临着肥胖率增加、体力下降以及运动能力不足的问题，这种状况的持续发展，已经引起了日本社会的担忧和政府的关注。为了预防肥胖、增强学生体质以及提升学生的运动能力，2008 年日本文部省第八次修订了《学习指导纲要》。日本新版纲要的改革体现为：第一，从小学二年级开始引进体能运动，并规定初级中学一二年级为必修，三年级为选修；第二，强调体育保健指导与运动生涯两个亮点。由日本新版纲要引进体能和强调体育保健指导来看，文部省的新政策显然是对日本社会担忧的一个积极回应，并期望通过体能训练解决学生体能欠佳、肥胖率增加的问题。同时，新版纲要明显增加了体育课时，并进一步完善了体育保健课的指导方法与学习内容。

（2）日本课余体育活动政策治理的实践。学生主要以参加各种类型的体育俱乐部为主。日本校内的体育俱乐部又分为限选和任选两种类型，限选俱乐部要求每个学生必须从该俱乐部选择某些项目进行体育活动，任选俱乐部可以任意选择感兴趣的项目进行体育活动。而任选俱乐部不分高低、性别和年龄，完全依据个人兴趣选择体育项目，并有教师参与指导。日本校外的体育俱乐部主要是社区体育俱乐部，它主要承担了学生在校外的体育活动。为了促进课余体育活动的良好发展，调动学校、社区以及家庭的积极性，2008 年版《学习指导纲要》对学校、社区与家庭的互动形式进行了补充，并强调学校、社区与家庭互动是提升课余体育活动质量与效果的最佳方式。2010 年文部省颁布的《体育立国战略》政策文件明确指出，要强化学校与社区体育俱乐部之间的协作，促进并形成学生校内外体育活动的便捷体系。因此，日本校外的体育俱乐部则是对校内体育俱乐部的有益补充，它进一步为学生创造了更多参加体育活动的机会。

通过以英、美、日三个国家作为研究对象，基于政策的基本要素政策对象、政策目标以及政策工具的视角进行分析，很容易得出以下三点结论：

（1）国外的体育教学政策目标。尽管各体育教学政策目标的表述不尽相同，但总体上来看，预防肥胖、减少久坐行为、促进体质健康以及提升竞争力是当代主要发达国家体育教学政策目标的基本诉求。这也表明国外学校之间的体育教学政策目标，逐渐呈现出趋同化的发展趋势。

（2）体育教学政策工具。权威工具、激励工具以及能力工具是其重点关注与建设的主要内容。从国外体育教学政策的权威工具看，它的主要表现形式为法律，这表明国外体育教学政策工具运用时，强调建章立制与制度规范；从体育政策的激励工具看，主要表现形式为拨款、补贴以及税收优惠，这表明国外体育教学政策的激励工具体现为绩效导向；从体育教学政策的能力工具看，主要表现形式为体育教师资格准入、教师培训以及体育设施供给三方面。

（3）国外的体育教学政策治理机制。主要形成了协作伙伴型、社团主导型以及结合型三种类型的体育教学政策治理机制。采用协作伙伴型的国家主要是英国，尽管英国在体育课程政策治理上实施国家体育课程标准，但英国的体育教学政策治理机制却属于协作伙伴型。不管是英国的体育教学政策文件，还是英国体育教学政策治理的实践，各个利益相关者与参与主体之间都强调协作伙伴关系，而不是管理与被管理的关系。采用社团主导型的国家主要是美国，在美国的体育教学政策治理过程中，形成了社团主导体育课程标准、体育锻炼方案以及推动政府立法的政策治理模式。采用结合型的国家主要是日本，它不但建立了体育教学政策治理的机构，而且也建立了各种体育协会与公益组织，它们与国家共同推动着体育教学的发展。

第二节　我国体育教育政策改革创新的路径分析

体育教学政策作为一种制度形式，它的演进过程实质上是一种制度变迁的过程，而且在体育教学政策的变迁过程中，各个国家依据不同的社会、经济、文化以及教育的发展程度，塑造了不同的发展路径与制度形式。事实上，体育教学政策的演进与路径选择，寄托了人们对体育教学发展目标及外部效应的期待，而体育教学政策目标与外部效应的实现，关键又在于形塑良好的体育教学政策发展路径。因此，形塑良好的体育教学政策与发展路径，可以实现体育教学的政策目标并彰显外部效应。从 1985 年以来中国进行的历次青少年体质健康调查数据看，反映中国青少年身体素质的某些指标在不断下降，至今尚未从根本上扭转这种下降的趋势。这也表明，长期以来中国体育教学政策的外部效应并不明显。为了从根本上扭转中国青少年身体素质某些指标不断下降的趋势，增强青少年的体质健康及彰显体育教学政策的外部效应，需要进一步对中国的体育教学政策进行改革与完善。

一、中国体育教学政策改革的理论路径分析

中国体育教学的发展史可以概括为一部体育教学政策的演进史，在清末、民国以及新中国三个不同的发展时期，均能发现有关体育教学发展的政策文件。尽管不同时期中国体育教学政策的操作性存在较大的差异，但增强青少年体质健康这一根本目标百年未变，至今仍在孜孜以求。通过对百年以来对中国体育教学政策目标与政策工具的考察，发现其政策目标与工具较为单一、政策执行力不足以及政策效果欠佳等问题突出。基于此，从政策

目标与政策工具两个维度，探讨中国体育教学政策改革的理论路径。

（一）体育教学政策目标维度

从政策目标的维度看，公共政策的终极目标是推动社会最优价值的不断前进，但在不同的资源约束条件下，实现政策的灵活性就显得非常重要，这也是人们推崇政策的工具性价值。事实上，政策目标彰显了一定的价值判断，这种价值判断蕴含了国家或政府对社会、政治、经济等生活的干预措施，而干预要达到什么状态（政策目标应该是什么），关键取决于社会及社会成员个人的价值判断或价值观。因此，体育教学政策作为公共政策的一种表现形式，其终极目标应该是推动体育教学不断实现价值，而在推动体育教学不断实现价值的过程中，则离不开对体育教学政策的价值判断与目标追求。基于此，今后在推动我国体育教学不断实现最优价值的过程中，需要对影响我国体育教学发展的各种因素进行干预，而我国干预体育教学发展所期望达到的状态，则是体育教学政策目标的预期状态。

为了实现我国体育教学发展的最优价值，从理论上推动我国体育教学政策形塑的主要路径是构建影响我国体育教学发展的三级政策目标体系，即总体目标多元化（丰富化）、具体目标操作化以及实施目标绩效化的三级目标体系。总体目标和具体目标属于体育教学政策设计与制定的起始阶段，处于静态的层面，而实施目标则属于体育教学政策的执行阶段，处于动态的落实层面。从政策效应的角度看，体育教学政策溢出效应的彰显，既需要合理构建静态层面的总体目标与具体目标，也需要加强动态层面的调适与治理。事实上，体育教学政策静态层面的目标更多地体现了政策的工具性价值，而体育教学政策动态层面的目标则更多地体现了政策的外部效应。所以，可以认为，以往体育教学政策只关注静态层面的目标设计是政策效应难以彰显的根本原因，而进一步关注形塑体育教学政策动态层面的目标考核，则是彰显体育教学政策溢出效应的关键举措。

从国外的体育教学政策目标看，不仅将总体目标多元化、具体目标操作化，而且还将实施目标绩效化。今后我国体育教学政策的总体目标有必要进一步多元化，可以将增强青少年体质健康、养成体育习惯、形成积极的生活方式以及提升竞争力，作为我国体育教学政策的总体目标，以改变长期以来我国体育教学政策目标较为单一的现状。

（二）体育教学政策工具维度

政策工具是政府赖以推行政策的实际方法和手段，在政策的实施过程中，政府通常面临着选择合适的方法与手段的问题，而只有选择合适的政策工具，才能有效地解决社会问题。例如，当前我国体育教学弱化与边缘化的问题，党和政府不仅要对其问题进行解决，而且还需要决定选择何种方法与手段才能够达到目的。因此，政策工具选择的合理与否，不仅对最终解决的问题具有至关重要的作用，而且它还直接决定了能否达成相关的政策目标。我国体育教学政策工具进一步形塑的理论路径是，加快促进权威工具的法定化、激励工具的多元化以及能力工具的制度化构建。

（1）权威工具法定化。长期以来，我国体育教学政策中权威工具的法规性文件匮乏，它严重影响了我国体育教学政策效应的彰显与治理模式的转换。今后，我国体育教学由政策动员转向法制约束，形成体育教学治理的法律关系，既有利于规范我国体育教学领域中的各种行为与社会关系，也有利于促进党和政府政策的贯彻与落实，而只有落实了党和政府制定的相关体育教学政策，体育教学政策的溢出效应和国家意志才能够彰显，否则它就会成为水中花、镜中月，其实际效果也难以达到预期。2014 年，《中共中央关于全面推进依法治国若干重大问题的决定》强调“全面推进依法治国，建设社会主义法治国家，形成完备的法律规范体系和高效的法治实施体系”的总目标。在全面推进依法治国和建设社会主义法治国家的征程中，要建设完备的法律法规体系和高效的法治实施体系，则离不开体育教学领域法律法规体系与法治实施体系的建设，而且只有同步推进我国体育教学领域法律法规体系的建设，才能全面实现提出的形成完备的法律规范体系的总目标。所以，今后加快制定我国体育教学领域的法律规范体系，既是响应关于依法治国决定总目标的重大实践与政治需要，也是进一步完善我国体育教学政策权威工具的理论需要。

（2）激励工具多元化。长期以来，我国体育教学政策中的激励工具较为单一，缺乏激励层次丰富、措施多样的体育教学政策工具体系，这严重制约了我国体育教学的良性发展与有序运行，它不利于我国体育教学形成健康、稳定以及可持续发展的局面。基于此，应借鉴国外体育教学政策激励工具的做法，探索能够促进我国体育教学发展的机制，以期能够调动各种资源、切实推动我国体育教学的良性和有序发展。例如，建立促进校内外体育活动的详细补贴计划和方案，并由地方教育行政部门监督实施，对满足补贴计划和方案的学校、社区、体育俱乐部以及家庭进行补贴，以促进校内外体育活动的开展；对我国校内外体育发展的学校、社区、体育俱乐部或个人进行物质奖励，改变长期以来单纯精神奖励的举措，以提升奖励的实际效果并产生示范效应；从优惠看，可以探索符合我国经济、社会发展程度的税收优惠措施，以期通过税收优惠的方式调动社会各种资源支持、参与到体育教学的发展中来。

（3）能力工具制度化。长期以来，我国体育教学政策中的能力工具供应较为滞后，它是严重制约我国体育教学发展的重要因素之一。从部分发达国家体育教学政策能力工具的供应看，主要表现形式为场馆建设、体育教师资格准入、师资培训以及校内外体育俱乐部建设等。在体育设施、场馆建设方面，除日本之外，英国、美国的校内外体育设施与场馆建设大都由国家拨款建设，并交由学校、社区或体育俱乐部运用。在教师资格准入和培训方面，发达国家都制定了相应的资格条件与培训措施，日本的体育教师资格准入与培训由政府负责，英国和美国则交由非营利性组织来制定标准和培训。我国的体育设施，尤其是方便、简易以及免费并适合青少年课外体育活动的体育设施稀缺，它严重阻碍着我国青少年课外体育活动的开展。各级政府要合理规划、全面布局，将青少年体质健康促进列入各级政府的年度工作计划，力争从政策、经济、法律等层面加快支持社区型、小型体育设施和体育俱乐部的建设速度，以期为我国青少年体质健康的扭转提供坚实的能力工具支持。

二、中国体育教学政策改革的现实路径分析

随着我国的经济增长、社会进步、义务教育普及以及人们生活水平的日益提高，我国青少年的体质健康与课外体育活动并未有明显增强，反而有下降的趋势，这种趋势的继续发展不仅会影响增强青少年体质健康政策目标的实现，而且还会影响到国家竞争力的提升。只有结合当前我国体育教学政策面临的实际问题，才能找出符合我国体育教学政策的现实路径。基于此，研究者从影响政策的关键点出发，抓住体育教学政策制定主体与内容两方面进行了研究。

（一）政策制定主体间改革的现实路径

中华人民共和国成立以来，体育教学政策的制定主体为教育部，以往教育部单独颁布的政策文件超过了我国体育教学政策文件的总量。这表明我国体育教学政策形成了以纵向部门治理与政策制定为主的演进路径，较为缺乏横向部门之间的联系与沟通。以往这种以单一部门为主制定体育教学政策的局面，不管是在体育教学政策的制定中，还是在体育教学政策的实际执行中，都容易形成政策的“碎片化”现象。在体育教学政策这种“碎片化”的影响下，其政策的溢出效应容易受到阻碍。为了减少其不利影响，需要我国的体育教学政策制定主体间进一步加强协调、广泛调研以及科学论证，做到体育教学政策制定主体间的良好互动，并动员利益相关者广泛地参与到政策文本的论证、制定以及修订过程中来，力争避免体育教学政策文本的部门痕迹，进而减少我国体育教学政策的“碎片化”现象，以形成系统、完整以及有利于实现其政策效应的治理路径。所以，今后我国体育教学政策的制定与修订，需要进一步加强体育教学政策主体之间与社会组织以及其他利益相关者之间的沟通与协调。

（二）政策内容改革的现实路径

我国体育教学政策的主要内容，包括体育课程政策、课外体育活动政策、课余体育训练政策、课余体育竞赛政策、体育设施政策以及体育教科书政策等。我国体育教学政策的主要内容促进形成我国体育教学发展的校内外政策体系，但其体育师资保障政策与社区型体育设施政策等方面仍然不够健全，还需要对其进一步细化与完善。为了进一步促进我国体育教学的良性运行及增强青少年体质健康，结合当前我国体育师资与社区体育设施的主

要问题，从政策上提出了进一步的现实路径。

1. 体育师资的保障政策

体育教学的关键在于体育教育，而体育教育的关键则在于体育教师队伍的建设。只有建设一支爱岗敬业、素质优良以及扎根基层的基础教育体育教师队伍，才能保障我国体育教学尤其是体育教学教育工作的良性运行。① 事实上，当前我国中小学校的体育教师岗位存在着严重短缺及有效供给乏力的问题，其主要原因可以概括为以下三点：第一，长期以来我国形成的应试与升学导向的基础教育观，让包括师资配备在内的全部资源向应试与升学目标聚集，进而压缩了非应试与升学目标所需资源的各种空间；第二，长期以来基层管理者对体育教学存在的偏见与不当认识；第三，长期以来参与体育教学的利益相关者对体育教学师资短缺及偏见等现象和行为的默许。

基于以上分析，今后要抓好中小学的体育师资培训，以及配足、配齐全国中小学的体育教师，需要从政策路径上进一步提升我国中小学体育教师岗位的吸引力与总体含量，进而解决师资短缺的问题。具体来讲，可以从以下四方面入手：第一，在完善中等、高等院校招生考试政策时，实施农村、老少边穷地区生源中中小学体育师资定向招生、定向培养政策，从根本上解决该地区体育师资严重短缺的问题。第二，从政策上推动免费体育专业师范生到农村实习与工作的奖励制度，并将免费师范生到农村以及老少边穷地区实习（6个月）作为毕业实习的基本要求。同时，对于免费师范生愿意留下工作的，优先晋级、评优以及提供培训机会。第三，教育部、团中央、文化和旅游部、国家体育总局等单位联合实施体育志愿者注册制度，从政策上规定具有体育特长并愿意从事体育志愿活动的人，进行体育志愿活动达到注册 300 个小时以上的体育志愿者，在参观全国国有风景名胜区时实施免门票进入的奖励措施。第四，制定优先晋级、优先评优、外出进修以及培训等优惠政策，鼓励具有体育特长的教师或其他人员转岗、顶岗，这也是解决当前我国体育师资短缺问题的一种现实路径。

2. 体育设施建设与运营的优惠政策

当前，我国社区型体育设施在政策上还存在着定位模糊、建设责任缺失、收费过高以及难以普及的问题。为了促进我国校外体育活动的开展，只有从政策上将社区型体育设施界定为公益性与非营利性，并制定社区型体育设施建设与运行的优惠政策，才能够进一步解决我国青少年校外体育活动场地不足的问题。具体来讲，可以从以下五方面入手：第一，在今后我国《中华人民共和国体育法》的修订中，明确将社区型体育设施界定为社会公益性的事业，坚持政府主导与非营利性的特性；第二，在修订后的《中华人民共和国体育法》将社区型体育设施界定为公益性及非营利性的社会事业之后，修改《中华人民共和

---

① 黄爱峰，赵进，王健：《体育教师基本技术技能标准研究》，湖南师范大学出版社 2014 年版。

国税法》与《中华人民共和国税收征收管理法实施细则》，明确规定减免社区型体育设施的营业税，以鼓励社区型体育设施的投资与运营；第三，由财政部、教育部与国家体育总局联合颁布政策，对现有经费困难的社区型体育设施进行补贴，同时要求接受补贴的社区型体育设施对青少年坚持免费化或微利化；第四，由住房与城乡建设部、国家体育总局以及教育部从政策或法律上鼓励，并进一步修改《中华人民共和国城乡规划法》，从法律上强制要求新城乡规划必须合理配置、规划社区型体育设施用地；第五，从体育彩票公益金、地方政府预算中留出一定基金，资助实施社区体育设施完善计划，以 5 年为一个周期，设定目标和明确数量，对其进行滚动资助和补贴社区型体育俱乐部的建设，力争经过两到三个五年计划，实现全国城市社区体育设施全覆盖。

三、中国体育教学政策改革的关键路径分析

政策目标能否实现及实现的程度如何，不仅取决于执行主体能否有效地落实政策，而且还取决于评估主体能否有效地评估政策的过程与结果，并进一步达成政策的既定目标。而加强政策评估既有利于检验政策的效果，也有利于实现资源的有效配置，它是政策进一步调整与提出修订建议的重要依据。政策评估是指依据一定的标准描述、解释公共政策的影响以及确定一项政策的后果，包括影响评估与结果评估。

体育教学政策评估可以理解为依据一定的标准对体育教学政策的执行效果进行描述、解释与评价。事实上，我国体育教学政策评估一直存在着严重的缺失，以往我国形成了体育教学政策依靠动员而非评估约束的政策落实惯性。仅靠动员来实施的体育教学政策执行模式，在缺乏政策评估压力的落实过程中，显然更容易陷入执行惰性，进而会导致体育教学政策执行效果欠佳的局面。

据此，加快对我国的体育教学政策进行评估，不仅是推动其政策目标实现的基本诉求，还是推动我国体育教学政策发展的关键路径，只有构建合理的体育教学政策评估标准与体系，才能够保障体育教学政策的落地生根，这是关系到今后我国体育教学政策效益能否彰显的关键措施。基于上述分析，可从以下三方面对我国体育教学政策的关键路径加以形塑。

（一）确定评估对象

从政策科学的角度看，政策评估是政策分析不可或缺的一个环节。只有通过评估，人们才能够判断一项政策是否达到了预期的效果，进而决定该项政策是继续、调整还是终结。从需求的角度看，每项政策都需要被评估，而且也可以进行评估。但从现实的角度看，公共政策是个庞大而复杂的体系，对每项政策都进行评估既不现实，也没有必要。所以，对政策进行评估就要明确哪些政策需要评估，哪些政策评估比较困难或无须进行评

估，这就涉及政策评估对象的问题。一般来讲，选择政策的评估对象，要遵循可行性与有效性的原则。可行性是指要选择政策目标明确、评估资源比较充足的政策进行评估，有效性是指要选择较有效益和价值的政策进行评估。同样，体育教学政策作为公共政策的一种类型，为了判断其是否达到了预期的政策目标，也需要对其实施效果进行评估，进而决定它是否需要调整或者终结。

由上述分析可以得知，从可行的角度看，应该坚持将那些影响我国体育教学发展、政策目标明确以及评估成本不高的政策确定为评估对象；从有效性的角度看，结合我国体育教学政策的主要内容与现实情况，应该将体育课程政策、学生体质健康监测政策、体育设施政策、体育师资政策以及课外体育活动政策作为主要的政策评估对象。因为这五类政策内容的贯彻与落实情况，直接影响着体育教学政策的效果。必须加强对体育课程政策、学生体质健康监测政策、体育设施政策、体育师资政策以及校外体育活动政策实施效果的评估，并通过对这五类体育教学政策内容与效果的评估，判断它们是否需要调整，以及在哪些方面需要进行调整。也可以理解为，只有通过对体育教学政策的评估，才能及时发现并解决我国体育教学发展的实际问题。

（二）构建评估标准

从认识论的角度看，在明确了政策评估对象之后，还应该构建相应的评估标准。只有构建了清晰、可行的政策评估标准，人们才能按照一定的尺度对政策进行评估。从政策评估标准的研究看，目前学界对政策评估标准还存在不同的认识，尚未达成较为一致的观点。有学者认为，应将保持动态平衡、促进资源最大化、优化自我功能以及优化绩效功能作为政策评估的标准。美国有专家认为，政策评估的基本标准包括效果标准、效率标准、充足性标准、公平性标准、回应性标准以及适宜性标准。国内学者张国庆认为，政策评估应该分为基本标准和次级标准。基本标准包括输出的测量、输入的测量以及输入与输出的比较；次级标准包括以过程、输出以及结构为基础进一步细分的标准。也有学者认为，应该从形式、事实与价值三个维度来构建政策的评估标准。在形式维度上，应该将公共政策的明确性、一致性以及法定性作为评估标准；在事实维度上，应该将公共政策的效果、效率以及影响作为评估标准；在价值维度上，应该将社会公正、人的全面发展以及社会生产力作为评估标准。

由上述分析可以得知，尽管当前对政策评估标准的认识存在差异，但人们无不认为对政策进行评估是政策治理不可或缺的一环，以上几种观点的共同之处在于，它们都强调对政策进行评估要坚持效果与效率。实际上，将效果与效率作为政策评估的标准，它反映了人们对政策效果与溢出效应的期待，这也是政策目标的追求与期待。在此基础上，本书赞同从价值的维度上，将社会公正与人的发展作为政策评估标准。因为任何一项公共政策在价值层面上如果不能够促进社会公正与人的全面发展，那么其政策价值就会黯然失色。所以，将促进社会公正与人的发展作为政策评估标准，可以实现人们对政策“善”的追求，进而避免人们对政策“恶”的追求。基于上述分析，在价值维度上，体育教学政策作为促进人的发展的一项政策，理应将社会公正与人的发展作为评判体育教学政策“善与恶”的标准。除此之外，在坚持价值判断的同时，为了更好地评估我国体育教学政策的影响，还离不开对其政策效果与效率的判断。所以，今后在构建我国的体育教学政策评估标准时，可以从价值维度与事实维度两个层面，将促进青少年的发展、社会公正、政策效果以及政策效率作为我国体育教学政策评估的标准。

（三）确定评估方法

在政策评估过程中，明确政策评估对象与构建政策评估标准后，就需要考虑采用何种方法对政策进行评估的问题。从国外政策评估的实践看，较为常用的政策评估方法包括前后对比法与影子控制法。

前后对比法是指比较两个时间点上的同一个情况的不同结果，即一种结果为政策实施之前的情况，另一种结果是政策实施之后的情况。前后对比法通常是针对特定的目标群体进行检验，并通过前后比较来验证政策的影响与效果。事实上，前后对比法是通过搜集大量的参数进行对比，人们通过将政策执行前后的有关情况进行对比，能够比较准确地判断政策的影响与效果。从政策评估方法模型看，这种方法对政策评估而言，确实较为简便与明晰，能够较好地测度政策的影响与效果。所以，在确定我国体育教学政策评估方法时，可以直接借鉴前后对比法与前后对比法政策评估模型对我国体育教学政策进行评估，该方法与模型如果应用到我国体育教学政策的评估中来，其最大优点是能够让人们对体育政策实施前后的变化情况了然于胸，可以简明、有效地帮助人们判断我国体育教学政策的实施效果。

影子控制法也叫判断方法，是指在政策评估时难以采用前后对比法、实验法等更多方法之时，依靠专家、政策执行者以及政策对象进行判断的一种替代评估方法。将这些专家、管理者以及参与者对政策进行的考察称为影子控制，它反映了在政策评估时缺少重要分析依据时这些人所扮演的角色。事实上，在政策评估过程中，邀请专家、管理者以及参与者对政策效果进行判断也是常用的方法。由于专家、管理者以及参与者通常参与了相关政策的制定，他们对政策目标、政策环境等都较为熟悉，所以他们通常依据自身的专业知识与经验，能够对相关的政策效果做出大致的判断。所以，在今后确定我国的体育教学政策评估方法时，可以将影子控制法作为我国体育教学政策评估的方法之一。随着我国社会治理与体育教学治理经验的提升，今后我国在体育教学政策制定与进行评估时，应该超越以往的部门调研、形成方案、部门会签以及公布政策的行动逻辑，在体育教学政策制定之时将会越来越多注重专家与利益相关者的建议与方案。这一变化无疑有利于专家、管理者以及参与者对政策评估进行判断。

四、完善学校体育政策和法规的建议

学校体育政策和法规对于学校体育管理和保障机制有着深远的影响，因此有必要就学校的体育政策和法规完善进行进一步的探讨，只有在充分了解其存在问题的基础上，就如何发展和改善提出进一步的建议，才能够真正地发挥体育政策和法规的作用，促进学校体育教学的发展。在完善和发展学校体育政策和法规方面，以下从政策实施的四个角度，即政策的制定、政策的执行、政策的监督以及政策的评估这四方面，对之提出相应的建议。

其一，从政策的制定来看，一项政策的出台和制定，必须要有充分的调研和了解，要针对所要解决的问题进行有针对性的改善。而在体育政策和法规的制定上，一方面要就当前体育教学依然处于被忽视地位的现状予以考虑；另一方面则要从体育政策和法规目前存在的漏洞入手，进一步完善体育政策和法规。在体育政策和法规的制定上，不能只是单纯地依靠某个部门，而是应该引入民主机制，广泛地征求社会各界的意见，这其中，尤其要重视学生和教师的意见，在对各种意见的汇总和研究的基础上，结合体育政策和法规的自身职能，进行政策的制定。

其二，在体育政策和法规的执行过程中，必须强化执行的有力性，即通过检查、考核等形式，对政策和法规的执行情况进行经常性的管理，促进政策在执行过程中严格遵守政策和法规的最初规定，避免政策执行出现偏差。

其三，从政策的监督来看，政策监督关系到一项政策是否在执行中出现了偏差，是确保政策正确执行的保障，同时也是一项政策执行过程中出现偏差后能够及时进行纠正的保障。从体育政策和法规的监督来看，目前对于体育政策和法规的监督存在很大的问题，监督主体不足、监督时间间隔过长、监督不严格等都是突出的问题，而且监督也是自上而下的监督，上面有关部门在监督的过程中，由于信息等原因难以进行有效的监督，而真正便于监督的学生等群体则由于权力问题不能进行监督。因此，在体育政策和法规的监督方面，一方面要扩大监督主体，将学生监督和家长监督等引进监督体系中，发挥直接的监督作用；另一方面要畅通监督渠道，通过多种渠道的监督，为监督主体提供监督便利，尤其是对于学生方面的监督，由于学生对教师的畏惧心理等，导致监督的作用难以发挥，因此要注重监督过程中的隐秘性。

其四，从政策的评估来看，政策评估能够就一项政策的执行效果进行评价，并且就该政策在具体的执行过程中存在的问题和不足进行总结，及提出相应的解决思路。在体育政策和法规方面，对于政策和法规的评估不足，主要的评估一般都是由各自学校进行的，学校对于政策和法规层面上的影响几乎没有，也就降低了政策和法规完善的可能性。而从教育部门来看，由于体育政策和法规执行效果的评估是一项比较浩大的工程，需要大量的人力、物力投入，因此也往往是流于形式，没有发挥真正的作用。因此，在体育政策和法规的完善和发展中，必须要加强对于体育政策和法规的评估管理，通过评估管理，一方面寻找出体育政策和法规在实施过程中存在的不足，并且就不足提出改正意见，以便于体育政策和法规的不断发展；另一方面，也能够就体育政策和法规在执行中的一些优点进行总结，进而在今后的政策执行过程中，更好地发挥优点。

学校体育政策和法规的贯彻和执行对于学校的体育教学工作有着重要的意义，科学的体育政策和法规加上良好的贯彻和执行，能够帮助学校构建出合理的体育管理和保障机制，进而全方位地推动学校的体育教学进步和发展，然而在现实中，无论是学校的体育政策和法规本身还是具体的体育政策和法规的执行，都存在一定的问题，进而限制了学校体育政策和法规的作用发挥。在今后的发展中，必须从体育政策和法规自身的科学性以及体育政策和法规的贯彻执行入手，通过构建科学的体育政策和法规，加强政策和法规的执行，进而促进学校的体育管理和保障机制的完善，从而促进体育教学的进步和发展。

第三节　我国体育教学原则优化与实践路径分析

结合当前我国体育教育课程与教学改革的实际，通过对体育教学原则指标的筛选分析，笔者认为，当前中国体育教学原则体系和实践路径应涵盖下列八项。

一、主体兴趣性原则

主体兴趣性原则是指在体育教学过程中学生是体育学习的主体，兴趣是体育学习的重要动力，教师的一切活动要围绕着学生的兴趣、需要和身心特点来安排教学。学生作为主体应在教师的引导下积极主动地参与学练活动，进而培养对体育的乐趣、志趣，以展示学生的自主性、主动性和创造性。

第一，体育教学以学生学习为主，转变思想，主动学习，学以致用。要给学生足够的自我发挥的空间，教师把练习方法传授给学生，要让学生按照自己的理解去大胆地尝试和练习，调动学生自我锻炼的积极性与主动性，在自我学习中提高，完善学生的个性发展。当然这并不代表放任自流，教师要对学生练习中出现的错误予以纠正，使学生能够迅速地、有效地掌握正确的运动技能。

第二，教师要多从学生的角度去理解教材，不断创新教学方法。学生对教材的理解通常是“乐趣”“玩儿”“挑战”，而教师则认为教材是“教育”“知识的传授”。教师要结合两者，在教学过程中针对不同的教学内容结合学生情况，设计有新意、有乐趣的体育教学方法，发挥学生的主动积极性，调动学生的学习兴趣。

第三，将教学内容与体验运动乐趣相结合。在教学中有一部分教学意义强又容易使学生产生运动乐趣的内容；又有一部分虽教学意义强，但学生不太容易产生运动的乐趣，对于这部分内容，就要求教师在教学中去发现有乐趣的因素，如 50 米跑，终点放上一根跳绳，谁先到，谁就可以练跳绳。一个小小的奖励就能鼓励学生开心地参与体育学习。

第四，让学生有更多自我展示的机会。体育学习过程中，在巩固提高阶段，教师可给学生更多的展示空间，有针对性地让学生在同学们面前进行展示。一方面可提高学生的心理素质；另一方面也可让其他学生当“点评小教师”，对练习得较好的学生进行表扬，对学生出现的问题进行复述并给予及时纠正，以促进学生共同进步。

第五，让学生成为课后体育锻炼的爱好者。一方面教师在课堂上对学生进行思想上的鼓动、心理上的激励，对练习有进步的学生进行表扬；另一方面学校要定期开展趣味运动会或体质监测，调动学生对体育锻炼的兴趣，克服个别学生对体育锻炼的恐惧，让体育课成为丰富多彩的、学生向往的课程。因此形成一个良性循环，更加有利于下一步体育课程的开展，提高课堂效率。

二、终身健康性原则

终身健康性原则是指在体育教学过程中，教师在确立教学目标、安排教学内容、选择教学方法和实施教学评价时，力求把当前的教学活动和终身体育的目标相结合；既要完成该课时、该学期、该学年和该学段的体育教学目标与任务，又要考虑到使教学效果能为学生的终身体育需要打下基础，为其后续的学习或学校后的体育生活提供体育知识、兴趣和能力贮备，确保为终生身体健康打好基础。

第一，强调“终身体育”首先要强化体育基础、体质基础。在中小学阶段，学生正处在身心发展的关键时期，也是一生中发展的敏感期，一旦失去或错过将无法弥补，所以在中小学要打下良好的体质基础。还要把培养能力作为终身体育的基础，要让学生系统地掌握和学习体育基础知识、基本技术和技能，并与科学锻炼的理论和方法有机结合起来，培养学生独立从事体育锻炼的能力。

第二，在体育教学中要使学生对体育有正确的认识和态度，养成终身体育锻炼的习惯。要使体育活动成为学生生活中不可或缺的内容，必须使学生从小懂得体育的道理及运动对身体的好处，同时把体育的自觉性和科学的锻炼方法结合起来，才会收到积极的效果。

第三，在体育学习中要注意长期效益和短期效益相结合，让学生掌握 1～2 项终身受用的体育项目。如此不仅要着眼于当前的课堂、单元、学期的教学任务，而且要放眼于几年、几十年的体育教学效应。

第四，要教会学生学习体育的方法。在当前的体育学习中，不可能把所有的体育内容都传授给他们。人所接触的体育内容是不断变化的，这就需要具有一定的体育学习能力和创新能力。

第五，注意特长培养，培养终身体育意识。有研究表明，体育学习和体育专长的形成对终身体育意识的培养具有十分显著的作用，教师要善于发现学生的体育爱好，激发学生对体育学习的兴趣，为学生终身体育奠定基础。

三、循序渐进原则

循序渐进原则是指体育教学内容应由易到难，教学方法和组织形式由简到繁，运动负荷由小到大，循序渐进地展开。

第一，教学内容由浅入深。体育教学大纲是法规性指导文件，本身就体现了循序渐进的原则。大纲具有一定的灵活性，在选用教材时，要遵循循序渐进的原则，由简到繁，由易到难，教材之间要相互联系、相互衔接，使整个基本教材和选用教材形成一个完整的系统。

第二，教师对各项教材要有全面的了解。体育教师对教学大纲应做全面了解，小学教师应了解小学一年级至六年级的大纲内容及其体系，中学体育教师除对中学的大纲内容要熟悉外，对小学的大纲也应有所了解。这样，教师才能做到胸中有全局，在编制教学计划才能把握住大纲的精神实质。

第三，全面系统与重点突出相结合。在全面贯彻大纲的过程中，要抓住重点。找出各项教材教学活动的各个环节的内在联系，抓住主要矛盾，突出重点，加快量的渐进到质的转变过程。

第四，循序渐进地安排负荷。学生的运动负荷从小到大，从低到高，是教学安排循序渐进的原则。肌体适应负荷量需要有一个过程，在安排负荷的时间、次数、强度、总量时，要注意渐进地增加。教师要因时、因地、因人把握负荷的节奏，使体育教学过程中学生负荷在总体上呈上升的趋势。

四、因材施教原则

新课标提出：要关注个体差异，让每一位学生受益。所以，在体育教学中既要面向全体学生，又要根据每一个学生的实际情况有针对性地安排教学，使每个学生在体育学习中都能得到提高。

第一，要充分了解和研究学生的个体差异。教师要通过各种方法对学生在身体素质、体育技能、性格特点、兴趣特长等方面进行了解，并认真记录。对学生进行全面的分析，从而据此制定出在体育教学中区别对待的策略。

第二，教师正确对待并引导学生看待个体差异。教师要对个体差异有正确认识，课堂上用平等的眼光对待学生，不偏不倚。同时要告诉学生：同学之间应相互尊重，认真看待个体差异，身体素质差的同学不要沮丧，有优势的同学也不应该骄傲，同学间应互相学习共同进步。

第三，用多种教学组织形式实现因材施教。在体育课上，教师可采用分组的形式实现因材施教，如按照同等技能水平、同等身体素质等进行分组。对于身体素质和技能水平较高的学生，教师要提出更高的要求；而对于身体素质和技能水平相对较差的学生，教师要多给些关心和鼓励，必要时进行特别指导。

第四，将因材施教与统一要求相结合。因材施教是促进学生体育学习进步的重要手段，统一要求是面向大部分学生的标准。两者要相结合，不可有一方偏废。

五、人文审美原则

人文审美的原则是指体育教师要通过教学活动来培养学生的人性、人格、个性特点、审美能力与审美情趣。

第一，培养学生拥有良好的人格特点。首先，磨炼坚强意志，形成良好品质。在体育课上，通常会有一些富有挑战的学习任务，部分学生就会出现胆怯、不自信的心理，教师可以以此为契机，巧妙地设计教学方法，合理地安排教学内容，在积极高涨的情绪中让学生完成任务，一方面增强了学生的自信心，另一方面又提高了学生敢于面对困难、敢于拼搏的意识。其次，引导情绪调控，形成健康心态。体育课上比赛通常会比速度、比耐力、比技巧，比赛定有胜负，可是难免会出现学生因为比赛的失败而感到遭受挫折，情绪失落，教师要积极引导学生正确看待失败，自我激励、自我调控，以乐观向上的心态去面对挑战。再次，形成一个健康心态，指导公平地竞争，培养体育道德。在教学中要培养学生拥有正确的体育竞争观，遵守比赛规则、尊重裁判、团结互助。最后，培养学生的团队合作意识，提高社会适应能力。在体育集体活动或比赛中，要让学生感受到团队的力量，增强团队合作意识。引导学生主动与同伴交流，努力融入团队并履行团队职责。

第二，培养学生的审美能力及审美情趣。首先是知识引领。应加强对学生美学与体育美学基础知识的教育，必须让学生首先知道什么是美，什么是体育美，体育美来源于何处，何谓体育美感，它的基础是什么，什么是体育审美能力，根据教学课程安排适当加入美学与体育美学的基础课程，为学生进行审美实践活动打好理论基础。其次是教师示美，仪表美和教态美。教师语言的优美、行动的文雅、衣着的整洁、思想的进步、行为作风的正派，能给学生美的感染；教师要善于组织课堂，让学生观看规范动作画面，观看专项技术图，以小组间互教、互学、互评等方法达到较好的审美教育效果。精心布置课程的场地、器材是每节课必做的工作。最后是学生的实践体验，教师要充分挖掘各个体育教学项目独特的美的因素与内涵，结合学生的心理生理特点，制订体育审美教学方案，使学生通过不同教材的学习与锻炼，体验与实践体育美的各种形式。

六、运动技能不断提高原则

运动技能不断提高原则是发挥体育教学的最大效益，使学生掌握的基本运动技能不断提高，以获得优异的运动成绩。

第一，在思想上认识到运动技能提高对学生的重大意义。运动技能学习既能提高学生的身体素质，又有利于学生掌握体育锻炼的方法。所以，对运动技能的传授要到位，切忌蜻蜓点水。

第二，研究促进运动技能掌握的“教法”。首先，教师必须自己先掌握每项运动技能的学习规律，再通过合理的教法传授给学生；其次，教师可采用个人展示、集体讨论、集体互评的方式来提高学生对运动技能学习原理的掌握。

第三，优化体育教学环境及条件。学校要加大运动器材、场地的投资，以满足体育教学需求，这是实现教学技能学习的前提。

第四，强化师资队伍建设。教师必须自身有过硬的体育知识及技能，所以体育教师必须不断学习，参加外出培训、听课、教研探讨等教学活动，加强身体锻炼，提高自身素质及技能水平。

七、安全卫生性原则

安全卫生性原则是指在体育教学中既要使学生在环境卫生洁净的体育场馆（池）中快乐地从事体育学习，又要确保学生的人身安全，真正把安全卫生教育融入日常的体育教学活动，确保健康教育落实到教学的各个环节中去。

第一，让学生安全地从事体育运动。在课前，教师要充分研究教材，结合学生特点，备好体育课，充分预测可能存在的危险，将安全工作考虑在前面，防患于未然；教师在课前一定要逐一排查体育器材的问题，以消除一切潜在的危险，保证体育场馆（池）的卫生环境良好。

第二，体育教学中体育教师要上好体育课，杜绝“放羊式”教学。课前准备活动一定要合理、充分，以预防运动损伤；在教学中对于有危险的运动项目，教师一定要教会学生如何做好自我保护与互相保护；对于存在危险的体育器材，一定要做好监管，建立体育课安全保障制度，严格课堂纪律，充分发挥小班长、小组长、体育委员在小组练习时的课堂管理作用，防止安全事故的发生。

第三，对学生进行运动安全卫生教育。在教学活动中，根据运动项目的特点对学生进行安全运动的教育，让学生了解运动安全知识，安全地从事体育运动，预防运动损伤，教育学生爱护、维护好运动场地卫生。

八、教学整体性原则

教学整体性原则有两方面含义：第一，学校教学为一个整体，倡导学生要全面发展，体育作为教学的一部分，我们要正确地看待它，使之与整体教学协调发展，不能夸大也不能忽视；第二，体育教学本身是具有整体性的教学活动，所以要将各项体育要素最优化，达到良好的教学效果。

第一，从教学整体意义上看待体育教学。体育教学作为教育的一部分，要充分发挥它的功能，但又不能夸大它的作用。

第二，整体看待体育教学过程，要与其他学科教学协调发展，促进学生全面提高。纵向看待体育教学过程是根据学期计划来发展；横向看待体育教学原则，是从教学过程出发，着眼于大的方面来认识体育教学，优化教学内容。

第三，用整体的思维开展体育课。关注教材的整体性，体育教学的开展要围绕教学的目标及教学重难点进行，各部分活动要环环相扣。

第四章 体育教学内容与方法改革创新策略研究

第一节　体育教学课程内容的开发与创新研究

一、体育教学内容分析

（一）体育教学内容概述

1. 目标与内容的关系

教学“目标”与“内容”的关系问题，一直是体育课程改革领域争论的焦点问题。正确的理解应该是目标引领内容。目标引领内容是《义务教育体育与健康课程标准》的重要理念之一。体育课程标准打破了传统的教学文件的编制体系，没有规定具体的教学内容，把教学内容的选择权和决定权交给了地方教育主管部门和一线的学校以及一线的体育教师，这打破了传统的禁锢思维模式，是体育教学的进步。

强调以目标引领内容，主要是基于两方面的考虑：第一，能够为体育教师创设一个有利于其发展、创新和展示的平台，尊重教师和学生的个人特点和需求，实现其对教学内容的选择权。第二，考虑到我国实际情况，全国各地差异很大，每个地方、每所学校都有各自的地理环境、课程内容资源的差异，很难做到统一要求。所以，目标引领内容的理念非常符合各地各校的实际情况，方便各地各校根据实际情况来选择内容。

例如，如果把发展学生的耐力素质作为我们要达到的课程目标，传统的做法都是要求学生围绕田径场一圈又一圈地反复跑圈，这样千篇一律的练习内容既单调又乏味，没有考虑到学生的个性差异，导致绝大多数学生都无法体验到运动的乐趣，也容易导致学生“喜欢体育，但是不喜欢体育课”的现象出现。

实际上，针对发展耐力这一目标，完全可以根据学校和学生的实际情况而选择不同的练习内容去实现。例如，体育教师可以同时提供多种练习内容，如慢跑、定时跑、追逐跑、跳绳、篮球或者足球比赛等，然后让学生结合自己的情况去选择，这样不仅能够实现发展耐力的目标，而且更能够培养学生的自主学习能力，为其终身体育打下扎实的基础。

2. 竞技运动项目内容

竞技体育的价值和功能对培养人的竞争意识和社会适应能力的效果极好。虽然竞技体育与体育教学的目的和对象不同。但是，竞技运动项目服务于体育课程，实现体育教学的目标是完全可以的。

（1）要考虑到竞技运动项目的趣味性与实用性，选择那些对学生的发展有用而且又是他们所喜欢的运动项目。

（2）要关注其教育性和健身性，要有利于实现体育教学目标。

（3）要关注其适应性与生活性，要经过加工和修改，符合学生身心特点后才能进入体育课堂，如可以通过修改竞技运动项目的场地器材标准和规则等。

竞技运动项目进行教材化改造后，它的教学问题也就凸显出来，不能用训练的方式进行教学，所以，在教学中要注意以下四个环节：

（1）面向全体学生，注意因材施教。学生学习竞技运动项目的主要目的不是为了要成为一名出色的运动员，而是需要通过体育课的学习，掌握一定的运动技能进行体育锻炼。所以，在教学时，应该教会学生掌握基本的、重点的动作技术，不要过分追求运动技术的标准化等，更不能用训练运动员的方法进行教学，必须要考虑到每一位学生的身心特点，在面向全体学生的同时也要注意因材施教。

（2）促进学生的身心健康。《义务教育体育与健康课程标准》提出：坚持“健康第一”的指导思想，促进学生健康成长，这意味着竞技运动项目的教学要为增进学生的健康服务。所以，在竞技运动项目的教学中，必须要改变竞技体育的教学观念和教学色彩，注意课堂练习负荷量和强度，不能超过他们的承受范围。完全照搬竞技运动训练的方法和手段必然会损害学生的身心健康。

（3）促进学生全面发展。体育教学必须为学生的终身体育奠定基础。这说明，体育教学的价值体现不仅仅是为了竞技，更是为了教育。所以，必须改变仅仅强调竞技运动技术的教学观念，必须改变教师单纯地为竞技运动技术而教、学生单纯地为竞技运动技术而学的做法。

（4）教学手段多样化。在新体育课程改革的理念下，必须要贯彻“健康第一”的思想，明确教学手段必须为学生身心健康服务、为促进学生全面发展服务，从实际出发，把握健身体育和终身体育的方向，通过教学手段的创新来促进竞技体育运动项目创造性地运用到体育教学中，努力创造机会让学生根据自己的不同情况进行选择与运用。

3. 科学选择体育教学内容的技巧

（1）符合学生身心发展特点。不同年龄的学生具有不同的生理和心理特点，他们对体育学习内容的生理适应程度和兴趣爱好等方面都有明显的不同。选择的内容越是符合他们的身心发展特点，他们参与运动的积极性和主动性就会越高，学习效果也会越好，那样的话，他们就不仅喜欢体育，也会喜欢体育课。

（2）联系学生的生活实际。在学生的课余生活中，存在着较多的与体育运动相关的经验，如城市的学生也许对足球、垫上运动、篮球、跆拳道、健美操等有一定的感受和体验，农村的学生也许对攀、爬、跑、跳、野外及水上活动等有较丰富的感受和体验，少数民族地区的学生则可能对一些民族民间的运动项目有一定的感受和体验，如荡秋千、踩高跷、跳竹竿、舞龙、舞狮或踢毽球等。在体育教学中，如果体育教师能够选择与学生的生活经验和实际情况密切联系的内容进行教学，那么，他们的学习兴趣、主动性和积极性就会大大提高，体育学习效果也会非常明显。①

（3）重视学生终身体育能力。体育教学必须着眼于学生的未来发展，兼顾学生个体的差异和未来终身体育发展的需要。要充分考虑到学生兴趣的多样化需要，更好地加强教学内容的选择性，设置具有不同特点的运动项目，诸如室外运动、野外运动与水上运动项目等。除此之外，科学地选择体育教学内容除了要考虑上述几个因素之外，还应该把握好几个原则，如选择性与实效性相结合原则、健身性与文化性相结合原则、民族性与世界性相结合原则等。

综上所述，体育教学内容的选择必须以教学目标为依据，应依据不同层面设计的教学目标，分析各个体育运动项目与身体练习的主要功能，并在此基础上，将各个体育运动项目与身体练习进行整合，作为体育教学内容的素材。可见，在目标引领内容的要求下，体育教学如果仍然停留在旧有的模式上，内容难以体现目标要求、难以适应社会的发展和学生的实际情况，就是失败的体育教学。

体育教学内容属于教育内容，但在形式上与其他教育内容相去甚远。体育教学内容来源于娱乐、竞技等内容，却在体系上大不相同。这形成体育教学内容的独特性质和在教育内容中的独特位置，使得体育教学内容的选择、加工以及教学过程都更加复杂。

（二）体育教学内容特点与分类

1. 体育教学内容的特点

（1）运动实践性。运动实践性是体育教学内容最突出的一个特点。这里的运动实践性是指体育教学内容的绝大部分都是以身体练习形式进行的，体育教学内容与体育实践活动密切相连。

（2）娱乐性。体育教学内容来自各种身体活动，而这些身体活动的绝大部分又是来自人的娱乐性运动，所以体育教学内容自然内含着运动的娱乐性。

（3）健身性。体育教学内容的学习必然会对身体形成一定的运动负荷，所以在运动量合理的情况下，参加体育教学内容的学习和练习时，都会对身体产生锻炼的作用。可以

① 李兴凯：《高校开展阳光体育运动实效性评价机制研究》，载《黑龙江科学》2018 年第 9 卷第 14 期，第 38-39 页。

说，体育教学内容的健身性特点是其他教育内容所不具备的。

（4）开放性。由于体育教学内容多是以集体活动的形式来进行运动的学习和竞赛，而运动是以位置的变动方式来进行的，在运动学习、练习和比赛中人的交往和交流又是极其频繁的，所以体育教学内容与其他教育内容相比，具有更明显的人际交流的开放性。

（5）空间约定性。体育教学内容还有一个“空间约定性”的特点。这是因为有很多运动是在固定的场地上进行的，甚至是以场地来命名的，如“田径”“沙滩排球”“郊游”等。由于体育教学内容的空间制约性，使得体育教学内容对场地器材具有很大的依赖性，而且使得场地、器材、规则本身也成为体育教学内容的重要组成部分。

此外，体育教学内容还有两个比较明显的特点：第一，体育教学内容的内在逻辑性不强，在安排教学内容时无法完全按难易程度和学生的准备条件来排列顺序，它们之间大都是平行并列的关系，如篮球和排球、体操和武术等；第二，体育教学内容大都具有“一项多标”（指一个运动项目可以用来达到许多目标，如健美操可以用来进行形体训练，也可以用来发展有氧耐力，还可以用来娱乐、表演等）和“一标多项”（指一种目标可以用多种项目来实现，如为了发展学生的投掷能力，既可以采用投沙包、投垒球，也可以采用推、抛实心球等）。

体育教学内容的上述特性，使教师在选择和编排体育教学内容时，也具有以下特点：随着大量的新兴体育运动项目的涌现与传播，体育教学内容具有较强的潮流性和多变性，体育教学内容的花样翻新较快。各地可以根据体育教学内容“一标多项”的特点，选择不同的内容来实现体育教学目标。

2. 体育教学内容的分类方式

（1）根据基本活动能力分类。根据基本活动能力分类是在体育教学实践中比较常见的一种分类方式，它是以人的走、跑、跳、投、攀、爬、钻等动作技能划分体育教学内容的。

（2）根据身体素质分类。根据身体素质分类是一种按照力量、速度、耐力、柔韧、协调等身体素质对有关体育教学内容进行分类的方法，这种分类方法有利于实现锻炼身体的目的。①

（3）根据运动项目分类。根据运动项目分类是体育教学中最常见的教学内容分类方法，它是按照运动项目的名称和内容进行分类的。这种分类方法与社会上进行的竞技运动相一致，在名称和内容上容易理解，有利于竞技运动文化的理解和掌握。

（4）根据项目群分类。《普通高中体育与健康课程标准》根据课程目标确定课程内容、改变传统的按照运动项目分类，突出项目群分类方式，将高中体育与健康课程内容划分为必修和选修两部分，设置水平五和水平六两级学习水平和七个系列，包括球类项目、体操

① 陈丽波：《新常态下阳光体育运动内涵、地位及意义的再阐释》，载《体育世界（学术版）》2018 年第 2 期，第 2-3 页。

类项目、田径类项目、水上或冰雪类项目、民族民间体育类项目、新兴运动类项目六个技能系列及一个健康教育专题系列。此分类方式扩展了体育教学内容体系，范围更加广泛。

二、校本体育课程开发路径探索

（一）校本体育课程开发的内涵与意义

1. 校本体育课程开发的内涵

（1）校本课程。校本课程是指以国家和地方课程的基本精神为指导，以学校为基地、以学校教育哲学为理念、以学生的需求为基础，以教师为主体、以当地社区和学校教育资源为依托而开发的实施方案。

（2）校本课程开发。指学校根据国家的教育方针和教育目标，依据学校自身的办学理念，在对学生需求进行分析的基础上，基于社区和学校的课程资源，由学校教师自主进行的一系列课程活动的过程。校本课程开发指向的是一个动态的不断完善的过程，而校本课程则属于校本课程开发的产品和结果。

（3）校本体育课程。校本体育课程是指以体育教学教师为主体，在具体实施国家和地方体育课程的过程中，通过对本校学生体育需求进行科学评估，在充分利用学校相关体育资源的基础上，旨在实现体育与健康课程目标的方案。①

（4）校本体育课程开发。校本体育课程开发是指以体育教学教师为主体，在国家和地方体育课程方案的指导下，依据学校自身的性质、特点、条件以及可利用和开发的体育资源，为满足学生的体育需求和实现体育与健康课程目标而展开的一系列课程活动的过程。

2. 校本体育课程开发的意义

（1）有助于国家体育课程的实施与改进。我国疆域辽阔，人口众多，各地经济发展极不平衡，人文环境差异很大。国家课程实施在一定程度上有其不足。校本体育课程开发是各校根据本校的实际情况自主开发的、以身体练习为载体的课程。校本体育课程开发中课程的规划、编制、实施、评价的“一体化”，能避免国家及地方课程开发中相互分离的现象，更好地体现课程的一致性和连续性。并且，校本体育课程开发过程中的“一体化”可以使学校的人力、物力、财力等现有资源得到充分的利用、整合，形成育人的合力。这种课程不仅有效调动体育教师实施《义务教育体育与健康课程标准》的积极性、主动性，并且能使学校的体育课程资源得到更充分合理的配置，弥补国家、地方课程的不足，提高体育教育成效，有力地推动体育教学课程的改革。

（2）有助于形成体育教学特色。特色课程的构建是实现学校办学特色的重要载体。体育教学特色，是指一所学校在体育方面形成的带有普遍性和相对稳定的一种集体的体育行

---

① 甘阳：《大学体育教学中素质拓展教育研究》，载《教育发展研究》2017 年增刊第 1 期，第 74–76 页。

为风尚，它是体育教学的一种氛围与环境。校本体育课程开发，能有效地结合体育学科的特点和独特功能，充分挖掘和利用各地区、各民族、各学校丰富的体育资源，走出一条基于体育教学现实的特色化的道路。这十分有利于学校发挥各自的优势，形成自己的体育特色，所以，校本体育课程开发是形成学校办学特色的重要策略之一。

（3）有助于培养学生的个性与兴趣。校本体育课程是根据本校学生的实际需求和兴趣爱好而设立的课程，可以照顾到本校学生的体育兴趣和特长，有较强的针对性，这有助于学生对个性潜能的挖掘与强化。同时，校本课程开发的理念是尊重个体的独特性和差异性，是以学生需求为主而不是以体育学科知识为主，体育校本课程以其实践性、体验性、多样性、灵活性、开放性、自主性更好地体现学生的主体地位，满足了学生体育学习的兴趣和特长。

（4）有助于促进体育教师的专业化。课程的改革在于人的改革，课程的发展在于教师的发展。在校本体育课程开发中，体育教师是“平等者中的首席”，即校本课程开发的核心。这充分体现了体育教师在课程开发中的主导者、设计者、实施者的地位。同时体育校本课程开发是一项创造性的工作，需要体育教师勇于探索、敢于创新，能突破陈旧的思维方式和体育教学模式；善于对体育资源进行校本化的加工和改造，把资源优势转化为课程开发优势；并努力寻找与学校其他课程的整合开发，最优化地体现体育作为校本课程载体的优势。所以，在校本体育课程开发的过程中，教师的个性化思维能力和创新能力得到了提升，教师的专业精神、专业知识、专业技能也得到了升华。

（5）有助于促进体育教育的合作和交流。校本体育课程开发虽然是在学校展开、以体育教学教师为主体的开发活动，但也需要外部的支持与帮助，这种帮助体现在两方面：第一，校本体育课程开发需要体育院校与教育科研部门研究者的帮助，学校主动与高校及科研院所建立联系，这有助于促进高校、科研单位与中小学之间合作伙伴关系的建立；第二，与其他中小学校的联系，校本体育课程开发需要借鉴他校的经验，同样也会促进校与校之间的合作和交流，有利于共同获得进步和促进发展。

（6）有助于多元民族文化的弘扬。新课程提倡开发“民族、民间”体育传统项目为课堂教学内容。校本体育课程开发多以各地、各民族丰富的传统体育活动项目为主要内容。各民族传统体育活动具有多元文化特点、多元价值功能和浓郁的民族文化特点，在活动内容和形式上，有的体现了浓厚的民俗生活和民族宗教气息，有的反映着人们对自然的崇拜，有的项目呈现了生产、生活方式，有的折射出骁勇善武的民族精神等。所以，根据各校所在地与民族、民俗文化特点开发的体育课程，不仅对学生的身心发展有利，也对弘扬多元民族文化有重要意义。

（二）校本体育课程开发的方法与路径

1. 建立校本体育课程开发组织

建立组织即成立课程开发委员会或相应的工作小组。这不仅为整个校本课程开发提供必要的组织保证，而且其本身也应该成为一个提供支持和服务、增进交流、对话和理解、增强凝聚力和归属感的过程。这一阶段的工作主要有：第一，确定课程开发小组的成员，成员一般由学校校长、体育教师以及体育课程专家等组成；第二，安排比较详尽、操作性强的工作流程。

2. 进行课程情境分析

情境分析是校本体育课程开发顺利展开的前提条件，只有对各种校内外的情境进行科学的、充分的了解和评估，才能开发出真正适合本校实际情况的体育课程。情境分析可分为校内情境和校外情境两部分。校内情境分析主要包括对体育教学与健康课程开发的人力资源情况、学生特点和需求、体育经费、体育活动场所、设施、器材等进行综合评估；校外情境分析包括对社区文化特点、体育传统及其他各类体育资源情况、家长对课程开发的态度、教研人员、课程专家的合作等状况的评估分析。

（1）校内情境分析。校内情境分析见表 4-1。

表 4-1　校内情境分析

分析类型	分析内容
对学生体育学习需要的分析	学生群体的基本情况
	学生身心的发展特点
	学生的体育兴趣与需要
	学生的体育学习基础和能力
	学生的情感和社会适应能力
	学生的学习品质
对学校相关条件的分析	人员分析：①体育教师：数量、知识、经验、态度和能力等；②其他相关教职人员：专业、学历、对体育课程开发的态度、经验等
	体育设施条件分析：①体育设施：现有体育教学设施的数量、质量、品种、保养、维修、制度、运用率等；各种体育课程材料及图书、资料的数量、质量等；②信息技术条件：多媒体设备、互联网等
对现行体育课程的不足进行分析	对现行体育课程不足的分析，目的是要查找出现行体育课程与学校实际不相适应的问题，以便找准校本体育课程开发的位置。这部分要调查的内容有：对现行体育课程不适应学校及学生需求的方面进行诊断，及时获得课程方面的问题；查找学生现有体育知识和能力存在的不足；澄清现实和理想之间的差距；分析应该做且有条件做好但却没有做好的方面，以及该如何改进

（2）校外情境分析。校外情境分析主要包括社区对该校的期望、社区人文环境、社区体育物力资源、社区体育人力资源、家长的资源及其态度、体育课程专家可能支持的程

度等方面。

3. 制定校本体育课程目标

校本课程开发的实质，就是依据学校教育目标，建构学校的总体课程，并据以实施、评估、改善的过程。学校教育目标制定以后，如何联结学校教育目标同校本体育课程开发的关系，还有一段距离。为求校本体育课程开发活动能够有效地实施以达成预期的目标，就要把抽象的、理想的学校教育目标细化为有层次的分段目标，并考虑达成这些目标的具体方式和步骤。学校的教育目标必须转化为体育课程目标，并进一步转化为包含不同领域的校本体育课程目标，通过教学来实现这些目标，进而实现体育课程目标，最终实现学校的教育目标。

4. 确定课程内容与编写开发方案

（1）确定课程内容。根据目标以及当时的社会、社区、学校的特定情况，选择基本的课程内容。课程内容的组织主要考虑内容的排列、秩序和统整，其共性要求是体育知识、体育技术和技能的逻辑性与儿童的心理发展相统一。例如，广州柯木塱小学通过分析学校所属地区的现状和发展需要、柯木塱小学的实际情况及学校的办学理念、校长态度、教职人员状况、家长期望以及柯木塱小学体育的现状等，开发出该校的校本体育课程项目：毽球、跳绳和独具特色的毽绳——跳绳的同时踢毽球。

（2）编写开发方案。校本体育课程开发方案是课程开发的具体规划和行动指南。这一环节先是以体育教研组长为核心、体育教师共同参与完成，并拟订方案初稿；以会议或其他形式获得全体参与人员的共同理解，达成共识；最后由校长审定向上级主管部门申报和备案。具体包括以下工作内容：

第一，确定体育教学课程开发的基本方针。全体参与校本课程开发的成员首先要了解和把握相关体育课程改革的资料和精神实质，如研究和理解《基础教育课程改革纲要（试行）》《义务教育体育与健康课程标准》的有关规定，结合本校教育总目标和课程目标，经充分讨论后达成共识，继而展开课程编制工作的相关计划。

第二，确定人员的分工和任务。课程开发方案中还应确定参与人员的分工和权限，明确各部门人员的关系，以便各部门通力合作，完成体育教学课程的设计。

第三，确定开发流程和时数安排。有计划地开发流程会使后面的工作更加顺利。要根据学校课程开发的长期、中期、短期目标设计科学的开发流程。同时校本体育课程在教学与课余活动中的比例、时数的安排也十分重要，特别是体育课堂教学的节数、课余体育活动的比例安排等。

5. 校本课程的培训与实施

第一，校本培训。校本培训是课程改革的配套措施。校本课程开发以学校为基地，以体育教师为主体。所以，设计课程方案之后，不但对全体体育教师进行培训和解释，同时也要和学校其他相关人员、家长、社区人员沟通和说明，这样才能有的放矢、优质高效地实施校本课程。培训要解决的主要问题：①强化课程意识；②明确校本体育课程开发的意义，了解校本体育课程开发的含义和特点；③领会校本体育课程开发、组织的基本理论和基本思路，掌握编写“校本体育课程纲要”和校本体育课程教材的方法和技能；④领会校本体育课程教学的特点，开展生动活泼、优质高效的教学活动。

第二，实施校本课程。校本体育课程目标的达成必须通过课程实施。实施课程是开发组成员将已经规划好的体育课程付诸实际教学的过程。校本体育课程实施的途径：体育教学、大课间体育活动、课外体育俱乐部。学校隐性体育课程是利用社会力量和学校资源、实施校本体育课程的又一拓展途径和形式，包括学校运动会和体育节等。

6. 校本课程的评价

评价是校本体育课程建设过程中的重要环节。评价的目的是判断校本课程开发过程中的成绩与不足，为进一步修订课程开发方案服务。

这一过程包括以下两方面的工作：

第一，对校本体育课程实施过程中各种活动本身的评价，如教师对课程的适应程度、教学表现，学生在课堂和其他课程活动中的态度与行为，学校、体育课堂的环境等方面的评价，对学生发展的评价和对校本体育课程可行性的评价等。

第二，对这一轮校本体育课程开发活动本身的评价，如本轮校本课程开发的原则、目标确定是否恰当、合理，校本课程内容是否适合学生、实施过程的管理、课程评价体系的适切性等。对课程开发进行综合性的评价后，进一步修订课程方案，以便更好地进行下一轮的课程开发工作。

校本课程开发的模式和程序，国内外都有不同的流派和模式，以上过程是校本课程开发的一般程序和方法，可以在校本体育课程开发的实践中不断创新和发展。

第二节　体育教学方法及其选择

随着教学改革的不断深入和推进，体育教学改革获得了很大的进展。作为体育教学体系中的重要组成部分，教学方法的变革也越来越受到广大教师和学者的重视。教学方法是否恰当合理，直接关系到体育教学水平能否真正获得改善和提高，所以，强化体育教学方法改革十分必要。

美国有著名学者指出：未来的文盲不再是目不识丁的人，而是那些没有学会怎样学习的人。国外学者这一全新教育观指出，“学会学习”不只是一种教育观念，也是一种方法论和认识论的命题。梳理出体育教学，要由“教”的方法走向“学”的方法，使学生由知识的被动接受者转变为知识意义的主动建构者。因此，教会学生学习的方法，学会学以致用就成为体育学法的目的。正如联合国教科文组织教育发展委员会，在《学会生存——教育世界的今天和明天》报告中指出的那样："教育应较少致力于传递和储存知识，而应努力寻求获得知识的方法。"

正是在这样的时代文化背景下，体育学习方法的选择与运用，在认知主义、行为主义、建构主义、人本主义的优势、劣势的比较之下，解析体育学法的构成与组织，概括总结其实施与策略，提出理论范式。① 为促进体育教与学方法的建设开辟新径，为教师在教学形态选择与运用、重组或再造提供启示认知，为教师联盟 21 世纪的体育新课堂教学方法的设计提供完备的理论支撑。

一、体育教学方法的构成和要素

对于体育教育中体育学法的界定释义里，有学者指出，什么是"学法"，学法是学生完成学习任务的手段或途径。从认识论讲，它是指在教师指导下，学生获得经验方法的总和。② 从方法论讲，学法即指导学生学会学习，或者说是教师指导学生，对学习方法进行的一种反馈与监控。因此释义出体育学法即学生完成体育学习任务的手段或途径，是一种有意识地领导学生主动学习的认知策略，是指导学生由学会知识走向学会学习的方法。

（一）体育教学方法的构成

根据学习内部条件与外部条件的分类，体育学法的结构可由"学习价值观的表述""学习方法的指导"两部分构成。内部条件可由知识认知和学习意义建构等组成，如"为学习而设计""为理解而教""学习自由度"等。外部条件可分为定向引导阶段、理解应用阶段、领会创新阶段。沿着这一理解，体育学法的要素一般含有下列方面：预习发现、寻疑问难、边练边思、自我检验、自我校正、理解应用、意义建构等。正如现代教学理论认为，学法是一个在教师引导下，学生主动参与、独立思考、自主发现和不断创新的过程，而不是简单、被动地接受教师和教材提供的现成观点与结论。诚如古罗马教育家所言，儿童的心灵不是一个需要填满的罐子，而是一颗需要点燃的火种。因此，在课堂教学中，体育学法是推动"学会学习"的依托，是实现"学会学习""学会认知""学会做事"的根本方法。要促使学生实现以下三个目标：第一，主动接受；第二，自主发现；第三，通过意义建构的途径和方向指引，帮助学生由学习的必然王国走向自由王国的生成与转换。

---

① 陈旭远：《课程与教学论》，高等教育出版社 2012 年版。

② 刘昕：《现代国外教学思想与我国体育教学》，教育科学出版社 2011 年版。

（二）体育教学方法的要素

对国的体育教育理论的划分，体育学法的分类集合了新课程经验得出，学法分类的构建，应从两个基本要素着力。

（1）从学生的心理品质寻找。诸如学生的兴趣、动机等情感因素去寻找学法的分类。

（2）从学生原有的文化水平、学习行为习惯寻找。诸如已有的认知结构、思维能力等认知方面的因素，去寻找学法的分类。因为，这些因素通常积淀为一种心理定式，影响着学生学法的唤醒。

教学经验证明，只要能找到帮助每个学生学习的方法，那么从理论上说，所有的学生都能学会掌握的方法。据此认为，上述对学法的研究与论述，可敦促体育教师从不同角度，进一步认识学法的现象与规律，正确处理好教与学的关系。

二、选择教学方法的依据

（1）根据体育教学的目的与任务来选择学法。体育教学的目的和任务是体育教师教育和教学活动的出发点和归宿。它总是以一定的课程内容为媒介，通过一定的教学方法手段落实到教学活动中去。在体育课中，不同的教学目的与教学任务需要不同的体育教学方法，比如授课，由于要向学生传授一个新的技术动作，使学生理解并掌握其动作要领，就得更多地运用语言的方法，示范和演示的方法。如果是练习课，为了使学生增强身体素质，巩固已经习得的技术技能，就要更多地运用练习法、比赛法等教法。除此之外，如果是课的前段，教师为了引导学生进入学习的氛围，导入本节课的内容，发现法、游戏法就可以多用一些，但如果是课的后段，为让学生更多地实践已学内容，达到熟练掌握的程度，可能小群体教学法和比赛法就多一些。总之，体育教学方法的选用要依照当时课的目的和任务来灵活制定，这样才能达到好的教学效果。

（2）根据教材内容选择教学法。教材内容对教学过程有着直接的制约作用，教学方法的选择在很大程度上取决于课程内容的性质和特点。一般来说，传授不同性质的教材内容要采用不同的教学方法，肢体参与多，路线比较复杂的项目，如体操、体育舞蹈、武术等项目基本运用分解教学法，即把上肢动作、下肢动作和运动路线分开来教，等学生逐一掌握后，最后再把动作组合起来形成完整的动作；技术含量高，并有一定危险性的项目，如游泳和轮滑等必须运用分解教学法，逐步提高运动技术、技能，最终达到熟练掌握的程度；而技术相对简单或运用分解教学法容易破坏教学完整性的项目应该运用完整教学法，如田径中的跑、跳和投掷项目；而技战术比较复杂的球类项目则更多运用领会教学法。除此之外，还有一些枯燥的项目，比如田径中的跑，为激发和调动学生的学习锻炼积极性，活跃课堂气氛，很适合用游戏教学法和比赛教学法；一些锻炼性项目，比如提高学生身体各项素质练习课，很适合用循环教学法加大运动量；一些含有科学原理的运动项目很适合用发现教学法。总之，体育教师应在仔细分析教材的基础上，根据教材的性质和具体内容的特点灵活而有创造性地选择适当的体育教学方法。

（3）根据学生的实际情况来选择教学法。学生是教学的对象和学习的主体，他们在不同的年龄阶段，呈现出不同的认知结构、认知能力和学习准备水平，教师选择的教学方法只有符合学生的身心发展特点，才能对学生的学习起到促进作用。所以，教师在选择体育教学方法时，首先要考虑学生对运用某种方法在年龄、智力、能力、学习方法习惯、学习态度及班级学习风气方面的准备情况。比如，对于生理和心理发育相对成熟，认知能力较好的中学生，不适宜运用情境教学法；对初学一个项目的学生，由于学生对该项目的技术技能和竞赛规则知识准备不足，此时，运用正规的比赛教学法难以达到好的教学效果；对于体能较差的学生，不适宜运用运动量较大，对身体素质要求较高的循环练习法，否则可能会造成学生过度疲劳或伤害事故。所以，教师应当注意从学生的实际出发，选择那些最适合学生条件并能促进和发展学生技能的教学方法。

（4）根据教师自身的特点来选择教学法。任何一种体育教学方法只有和教师自身的条件、特点密切结合时才能获得最佳效果。有的教学方法虽好，但实施的教师缺乏必要的素养条件，仍然不能产生好的教学效果。所以，体育教师的条件和特长都会成为选择教学方法的重要依据，比如有的体育教师形象思维水平和语言表达能力强，就可以多用生动形象的语言描绘现象和问题；而自身形象和运动技能强的教师，就可以多用示范和帮助的方法使学生产生学习的兴趣和信任感；对于很幽默的体育教师，则可以多用一些有意义的笑话来阐述一些道理或巧妙地处理一些突发事件；有的体育教师给人以严肃的印象，就不宜开一些不伦不类的玩笑，应多进行正面教育。总之，教师选择教学方法，应根据自己的实际优势，扬长避短，采取与自己条件相适应的教学方法。当然，作为一个有责任心的体育教师，应通过努力学习克服缺点，不断提高选用各种体育教学方法的能力。

（5）根据体育教学方法的功能和运用条件来选用教学法。任何体育教学方法都不可能是万能的，都受各自的独特功能和运用条件的限制，有各自的优缺点。体育教学方法受教学过程中各种因素的影响，可能有时产生非常好的教学效果，有时就事与愿违。比如，发现式教学法适合于那些典型的有深度的教材，游戏教学法运用于那些锻炼性的而且比较枯燥的教材，但它们的运用频率不能太高，否则，效果将适得其反。除此之外，有的时候多讲是循循善诱，有时多讲则是繁缛啰唆；有时做游戏是生动活泼，有时则是无聊幼稚；有时用许多教学步骤是循序渐进，有时则是画蛇添足等。这些变化取决于教师对这些教学法运用的时机是否合适，取决于这些教学法运用的条件是否已经具备等。所以，选择体育教学方法时，必须认真分析教学法的功能和运用条件。

（6）根据教学时间和效率的要求选用教学法。不同的教学方法所需要的时间和工作效率是不一样的，比如发现法要比讲解法费时间，分解法要比完整法费时间等，所以在实际的教学中，选择某个教学方法时，也应考虑其教学时间和教学效率的高低。好的教学方法应该是高效低耗的，能保证在规定的时间内完成教学任务。总之，体育教师应尽可能选用省时又有效的方法，以达到教学效果最优化。

第三节 体育教学方法改革发展的多维探索

一、体育教学方法的分类

我国常用的体育教学方法的特点，有以下五个：

第一，它是为达成教学目标，完成学习任务的指向性而选择运用教法的策略标识。

第二，它是遵循教学活动的特点和规律，以一定的教育理念和教学策略为依据，组织安排教学活动的一种具体结构和形式。

第三，它既是一种实施课堂教学内容与组织形式的策略结构，又是一种按目的要素对教学有机构造和有机安排的活动过程。①

第四，从时空的发展来看，由新旧体育教学观的教学方法结构与分类可以发现，新的教学方法观从知识的结构性入手，注重教学环节的具体应用与认知的目的指向性，着力体现了“教、学、做”合一的知行统一观，既反映教师如何教，也体现了学生如何学。教学是教师与学生共同完成的活动。

二、体育学习方法的运用

（一）从学习内容的设计入手

第一，学习内容的深度、难度与学习活动适配性的安排。通常指学习任务、教学目标的安排。

第二，学习活动内容的顺序和进度的安排。场地、时间、器材等是否符合学生的学习要求，开展有效学习。

第三，学习活动的差异性的设计安排。建构多元、多样、多层的知识，符合不同学生的能力、条件、性格，开展有效学习。

---

① 张磊：《基于变易理论的体育教学内容分析及其设计策略》，载《北京体育大学学报》2015 年第 38 卷第 6 期，第 95-101 页。

第四，学习活动的行动和效果的设计安排。活动能否引起生生互动、师生互动等合作学习，能否为学生提供成绩的考查和奖励，即达成懂、会、乐。

（二）从学习内容的方式入手

第一，从求知中求乐。学习的最好刺激是对学习的兴趣，所以，增强教学内容的趣味性、满足学生求知的需要是必修课体育教学的重点。

第二，从成功中求乐。成功的欢乐是一种巨大的情绪力量。因此，教师在这方面所采取措施的关键在于，为学生尽可能创设获得成功体验的机会，改变传统教学方法，把教学与创设成功相联系。

第三，从建树需要中求乐。所谓建树需要，就是学生把所学的体育知识和技能灵活运用到实际环境中去。因此，教师积极开展各种各样的活动，为学生尽可能创造必要的外部条件，使学生积极投身运动以获得运动的满足。因此，教师要注重学生的情感体验，积极挖掘教学内容的快乐、方法和手段。

第四，从活动的形式中求乐。体育游戏法、竞赛法等由于其内容丰富、形式灵活，又富有一定的情节、趣味等特点，长期以来，不仅是我国体育教学的重要内容，也是体育教学的一种形式、方法和手段。

（三）从学习过程的指导入手

“学会学习”是21世纪人类学习的特点。这一命题指出，学习方法比获得知识更重要。阶梯发展论认为，客观事物的发展都有一个明晰的阶段划分过程。因此，从内涵和外延两方面来看，指导学生学会学习，须经由自身的习得和后天的教育两个阶段形成。其实现需要两个基本条件：第一，外显学习（形成经验）。通过不同学习条件的习得与运用，完成“实践认识—再实践—再认识”的新旧经验的循环与深化。教师要遵循由量变到质变的规律完成这一循环和认识。分阶段设计不同的环境和条件，逐个阶段策划学生在学习中运用知识、经验和智慧，学会学习的方法。第二，内隐学习（养成学习习惯）。人类学习不仅有动物王国认识世界的自然模仿，还有抽象能动改造世界的属性。因此，可通过建构意向性学习，缩短自然学习的时间。

第四节　体育教学策略的创新研究

一、体育教学策略的内涵与类型

体育教学策略为分析体育教学应该教什么、什么时候教、为什么教和怎样学，提供途径和策略。体育教学策略的设计与采用是一门学问，也是一门艺术。它对达成教学目标、提高教学效益、促进教师的专业化发展有着积极的意义。

（一）体育教学策略的内涵

世界上还未形成一个公认的教学策略分类体系，通常对教学策略的研究有六种：第一，把教学策略看作实现某种教学目标而制订的教学实施综合性方案；第二，把教学策略看成一种教学观念或原则，通过教学方法、教学模式和教学手段得以体现；第三，认为教学策略与教学方法、步骤、教学模式相同；第四，把教学策略看作达到教学目标而采取的一系列教学方式和行为；第五，教学策略有各种各样的分类法，如讲解法、讨论法、演示法、练习法等；第六，教学策略是教学设计的有机组成部分，是在特定教学情境中为实现教学目标和适应学生学习的需要而采取的教学行为方式或教学活动方式。①

（二）体育教学策略的类型

1. 以教学形式要素为中心的教学策略

（1）内容型。以有效地提供学习内容为中心，强调知识的结构和知识发生过程的策略，如基于能力差异的分组教学策略、基于知识差异的分层教学策略、基于兴趣爱好的选项教学策略等。

（2）形式型。以教学组织形式为中心，形成集体教学、小组教学、个别学习三种类别，如基本部分教学策略、小群体教学策略、分组轮换与分组不轮换教学策略、个别化指导教学策略等。

（3）方法型。以教学方法和技术为中心与内容、形式、方法的综合，如合作教学、探究教学、自主教学。

2. 以信息加工学理论为中心的教学策略

信息加工学理论把教学策略划分为：①先行组织者策略；②概念形成策略；③认知发

---

① 王纪禄，孙风真：《中学体育教学改革的现状及对策》，载《山东体育学院学报》2017 年第 1 期，第 188-189 页。

展策略；④随机管理策略；⑤自我管理策略；⑥行为练习策略；⑦问题解决策略。指出教学策略是为完成特定教学任务或教学目标而采取的途径、方法和手段的行为和认知取向，通常表现为一系列步骤或一系列行为。

以信息加工学理论为中心的教学策略的结构可以分为以下两个层次：

第一层次是监控策略，主要成分是操作原则的知识，其功能是指示策略运用者“应该做什么”，体现在四方面：判断，告诉人们该项策略的作用如何，能解决何种教学问题；计划，告诉人们必须按照何种规则去运用才是正确的；执行，指示人们怎样做才不偏离教学目标；评价，调节策略运用者应该做什么而不应该做什么。

第二层次是应对策略，由操作程序的知识组成，其功能是指示策略运用者“应该怎么做”。它由判断策略、计划策略、执行策略、评价策略构成，分别与教学问题解决过程的四个阶段相匹配。具体如下：

（1）判断策略，是对应教学问题解决第一阶段情境的方法。要能消除掉这一阶段的目标障碍，准确理解和表征问题，就必须懂得如何去感知问题中蕴含的相关信息，如何理解问题结构中的各种关系，如何分析问题的性质和类型，如何综合问题的信息等知识，而这样的知识就必须由判断策略来提供。

（2）计划策略，是对应教学问题解决第二阶段情境的方法。它通常要指示人们如何找出能达到目标的方法和技术，如何将已搜寻出的方法技术相互比较，进行选择，如何将方法技术相互搭配起来，如何将匹配好的内容按事件进程进行编码，这样，策略运用者就能较容易地制订出一个完整的方案了。

（3）执行策略，与教学问题解决过程的第三阶段相对应，它必须具体告诉人们如何按照方案的要求审查外部动作的正确性，唯有如此，制订的方案才能变为所期望的现实。

（4）评价策略，与教学问题解决过程的第四阶段相对应，指导策略运用者如何根据目标校验动作的成效，检查结果与目标间的差距，如何依据目标期望的价值来度量动作的意义，为策略运用者提供自我调节的信息。

信息教学策略的结构特点：层次性，具有不同功能、不同层位、不能互相替代；相关性，策略内部上下不同层位的成分是相互关联、相互作用的；整体性，策略内部的各种组成因素都是整体中的一部分，各自都在整体内的不同层位上，为达到整体目标而发挥各自的特殊作用。如果认识不到这些特点，在策略运用时将顾此失彼。

3. 以教学过程要素为中心的教学策略

依据教学过程、教学内容安排、教学方法、步骤、组织形式的选择与安排等分类的目的和特点，可以把教学策略分为以下不同种类。

（1）根据教学效果来分，体育教学策略的具体操作过程其关系的表述有以下方面：

第一，教学实施策略，是指导教师在教学前运用的策略，包括先行者组织策略、准备策略等。

第二，教学监控评价策略，是指教师为保证达到预期的教学目标，而对教学全过程实行计划、反馈、控制和调节等策略。

第三，教学管理策略，由教学组织策略和教学表达策略组成，是指导教师在教学过程中对教学内容、教学资源与约束条件、学生管理及调动的教学组织形式等运用与决策的基本方法。

（2）根据教学环节来分，体育教学策略的具体操作过程表述有以下方面：

第一，关于教学内容加工处理的教学组织策略，是针对教学的主题内容进行教学组织的基本方法，属于教学任务分析的范畴。其策略过程包括通过信息加工分析获得教学设计的基础程序，通过学习类型分析明确达成教学目标所需要进行的学习类型，通过学习任务分析揭示达到教学终点的教学目标之前必须实现的一系列目标。

第二，关于教学活动的教学准备策略，是教师根据教学目标要求，钻研教材，组织教法，分析自我和学生，制订教学计划的策略。

第三，关于教学内容传递的教学表达策略，是在教学组织策略决定之后，决定运用各种教学手段将教学内容完整地、有效地传递给学生的基本方法。它包括教学方法的选择与应用策略、教学媒体的选择与组合策略，以及声画表达策略和教学表达的心理策略等。因此，有效地把握各种教学方法的类属特点，确认教学方法与教学策略的本质特点及其适用性，方可形成有效的教学行为。

4. 以研究方法要素为中心的教学策略

这种框架是依据教育思想和理念体系为导向构建教学场景，选择支持各种教学活动的资源，规划多场景运作的步骤或一系列行为，体现了教学目标归类、教学内容排序、教学策略选择等。这种框架为掌握基本的教学设计和规范提供了良好的基础，具有很强的实践意义。

教学策略从属于教学设计，确定或选择教学策略是教学设计的任务之一；教学策略的制定以特定的教学目标和教学对象为依据；教学策略既有观念驱动功能，更有实践操作功能，是将教学思想或模式转化为教学行为的桥梁。这三个概念的逻辑关系是：教学模式（上位）—教学策略（中位）—教学方法（下位）。

体育教学策略在应用时要注意两个特点：任务的要求和方法的选择。理解教学策略注重对教学目标的意识和具体方法的灵活运用，教学策略是对教学方法实施过程中的具体运用和有效行为，是教师教学智慧和教学艺术的充分体现。它属于教学设计的一部分，不能取代教学设计的全部功能。要达到有效的运用，教师必须对教学策略有理性的思考，对教学方法的理论基础有清晰的认识与正确把握。

所以，讲教学策略是对教学方法实施过程中的具体运用和有效行为，是教师教学智慧和教学艺术的充分体现。学习、研究与应用教学策略，需要树立四个重要的教育理念：实现减负增效、运用系统思维、努力以教促学和加速自身成长。同时，也需要掌握学习方法，注重知识交叉，注重教学实践，善于获取信息资源。

二、体育教学策略的构建

（一）体育教学策略的构建维度

1. 教学策略的量

教学策略的量主要指教学策略知识的丰富程度，教学策略知识越丰富，解决教学问题的对策就越多，解决问题的过程就越简短，速度就越快。教学策略的量是策略运用熟练程度的标志。不熟练者自动化程度低，影响了速度；而熟练者则依靠大量策略运用的经验，“不假思索”地直达教学目标。

2. 教学策略的质

教学策略的质是教师运用教学策略的适宜性和自动化程度。教学策略的适宜性是指所运用的教学策略与教学问题情境的高度对应及与解决教学问题的目标的得法性。主要指教师高级心理机能相关性越高其解决教学问题的效果就越好。①

（二）体育教学策略的构建阶段

1. 策略单一性阶段

由于教师具备的策略知识不多，策略的体验不深和经验不足，对自己所掌握的教学策略知识认为是不可置疑的，认为只要运用必定有效果，没有意识到教学策略具有变通性，误认为一种教学策略只具有适合解决一种教学问题的单一特点。

---

① 吴勤，李会杰：《体育教学方法探究及案例分析——评〈体育教学方法选用技巧与案例〉》，载《教育理论与实践》2017年第17期，第67页。

2. 策略个体化阶段

教师在评价教学策略时不以他人经验为判断标准，策略知识和策略运用经验十分丰富，教学策略已完全结构化，能够正确地把握教学策略与教学问题间的一致性关系，选择和运用策略十分熟练，达到自动化程度。在此阶段，教师认为策略运用必须适合个体自身的特点，能够把一般人运用的教学策略加以改造，转变成具有个人独特教学风格的东西，并且也能够根据问题情境的特殊要求创造出教学策略，对自己所掌握和所运用的教学策略具有“对我而言是正确的”这样的认识，其策略表现出显著的个体化特点。

3. 策略多元性阶段

由于教师具备的策略知识有所增多，教学策略的体验和经验也有所积累，策略运用有了一定程度的变通性，也认识到教学策略与教学问题之间不是单一、绝对确定的关系，所以在运用教学策略解决教学问题时能考虑到多方面的原因和寻找多种对策，教学策略结构有一定程度的组织性，其策略运用较熟练。此阶段的教学策略表现出这样的状态：一种策略可用于解决多种教学问题，多种教学策略也可以解决一种教学问题，其价值具有多元性特点。

4. 策略相对性阶段

与前阶段相比，教师掌握的策略知识比较丰富，运用策略已达到相当熟练的程度，教学策略的组织性和结构化特点更为突出。教师对自己所掌握的教学策略有意识地进行比较、权衡、分析教学策略与教学问题之间关系的性质，认识到每一种教学策略的运用条件、合作范围及效果不是绝对的，要与特定的教学问题情境相联系，但评价策略时仍以他人经验判断为标准，认为教学策略是不能为自己所创造的。没有学习理论、应用理论、贡献理论，所以本阶段教学策略的价值特点表现为策略的相对性。

（三）教学策略培训的手段与方法

1. 教学策略培训的手段

对教师传授运用策略的知识和应用技能，可以快速提高教师的教学策略水平，收到好的培训效果，改善教师的素质结构，提高教学效益，缩短教师成才时间。要注意以下几个特点：

（1）指导性。培训的内容对教师的策略能力发展具有针对性，使教师在接受培训之后能明确自己的策略能力发展方向。

（2）直观性。向接受培训者传授策略知识和技能的方式，必须是直观和可感受的，因为接受培训者本来就经验不足，如果所授内容过于理论化、概括抽象，不利于向能力转化。

（3）实践性。培训的内容具有实践应用，能充实教师的实践教学，弥补策略运用经验的不足。

（4）可操作性。要求所授内容具体，要把策略的运用一步一步地通过活动转变成操作能力。

2. 教学策略培训的方法

教学策略运用能力的提高，可以通过以下几个途径进行专门培训。

（1）举办短期培训班，编写培训教材，专门传授策略知识和策略运用技巧，快速集中地积累有关知识，为策略能力发展打下坚实基础。

（2）注重培养教师优良的思维品质，尤其是思维的灵活性、批判性和创造性，以提高能力发展的潜力。这一点可以通过指导教师在教学实践中经常进行教学思路设计的自我训练来实现。

（3）鼓励教师积极发展关于教法运用的个人意见，树立教师个人的教育信念，用以激活和保持策略意识。这可以通过鼓励和督促教师写集体经验交流或教学论文来实现。

第一，他人教学。在观摩他人教学、观看他人的教学录像、阅读他人的教案后，就其教学策略的选择、运用、效果等，依据一定的知识、理论和思想进行评估判断，从中可以他人之长，补己之短，弃他人之短，扬己之长。

第二，写比较教学方案。同一个教学任务，设计两套以上教学方案，锻炼自己的策略灵活性。

第三，写教学经验总结。一篇一章或一单元一学期的教学之后，将其中的经验和教训总结出来，可以发现其中策略运用的窍门和规律。

第四，请他人“会诊”。如果自己觉得某种方法运用不妥或某种教学问题的解决不尽如人意，就说出来或再表演一下，请求他人做出诊断，这样可以帮助自己跨过策略能力发展的障碍。

第五，集体备课。可以集众人之智慧于一身，在缩短成才时间方面有显著效果。

第六，聚会性交流。若干教师聚集在一起，就某一具体教学问题交谈自己的已有做法，参与者会从其中受到某种启示，从而改善自己的策略。

第七，参加教学科学实验。这是个快速提高策略水平层次的好做法，参与或主持实验的人一般都是高水平和较高水平的专家和教师，参与其中可以得到全面锻炼和提高。

（四）体育教学策略的要求

1. 教学结构功能性要求

选择或制定体育教学策略时，要求教师针对具体的体育教学需求和条件，对影响体育教学策略构成的教学方法、步骤、媒介、内容和组织形式等要素加以综合考虑，组成切合教学实践的最佳教学实施措施；在发挥体育教学策略作用时，强调某一范围内具体教学方式、措施等的优化组合，合理构建。

2. 教学行为灵活性要求

在选择或制定体育教学策略和运用教学策略解决问题时，应根据不同的教学目标、内容和任务的要求，参照学生的初始状态，并应随着教学情境的变化而做相应的设计和调整，将最适宜的教学方法、媒体和教学组织形式优化组合，以便实现特定的教学目标，完成特定的教学任务。

3. 教学行为指向性要求

任何教学策略都是指向特定的教学目标和教学活动，规定某种教学行为，这同时也指明了体育教学策略确定的两个依据：教学目标和学生特点。

4. 教学行为启发性要求

它能启发教师主动寻找解决教学问题的简洁途径和方式，从而有效解决问题，促进教师教学水平的提高。

第五章 体育教学模式创新探索

第一节 体育教学模式改革创新的必要性

一、体育教学模式改革的侧重点与趋势

传统的教学模式将教学过程集中于教师的“教”，而将学生的“学”忽视了，这就使得学生在教学过程中处于被动地位，对学生主观能动性和能力的培养产生了一定的阻碍作用。

随着以学为中心的教学理论的发展，传统意义上的师生关系有了较大程度的变化，他们的地位和作用也有了一定的改变。“教师中心论”逐渐被“教师主导学生主体论”所取代。在这种新的教学观的影响下，体育教学模式也进行了改变。具体来说，主要改革趋势为由“教师中心教学”模式向“教师主导学生主体”的教学模式的转变。教师主导学生主体的教学模式对于学生的创新能力、自学能力、探索能力的培养较为有利，在一定程度上调动了学生学习的积极性。此外，还需要强调的是，这与现代人才的培养理念是相符的，所以，可以将其作为体育教学模式的一个重要的改革方向。

二、体育教学模式发展

（一）理论研究的精细化

研究体育教学理论，其目的既是为了更好地指导体育教学实践，也能起到对体育教学实践进行总结的作用。如果没有理论研究，又或者缺乏体育实践，那么整个的体育教学就会失去意义。所以，必须将体育教学的理论研究与实践研究相结合，来加强理论研究的力度与成效。

（二）教学目标的情意化

教学实践研究表明，智力因素和非智力因素对学生的学习活动起着非常重要的作用。

现代体育教学模式的不断发展也逐渐对传统教学活动中过于强调智力因素，而忽视非智力因素的作用等状况进行了改善，并获得了良好的效果。现代体育教学模式的目标在使学生增长知识、培养学生能力的同时，更加注重把人格教育、品德教育、情感教育与知识教育结合在一起。随着人们对人本主义心理学越来越重视，学生的情感陶冶也开始备受关注，并将情感活动视为心理活动的基础对学生独立性、情感性和独创性进行了更加全面的培养。

（三）教学形式的综合化

体育教学形式的综合化是指体育教学模式向着课内和课外一体化发展。由于受到时间限制，课内的时间不能充分培养和发展学生自动化的运动技能与锻炼身体的习惯。这就需要在教学中，安排充足的课外时间进行练习和巩固，而课内的主要任务就是学习新知识，并针对错误的动作做进一步改进。只有这样才能更加熟练地掌握运动技能，实现个体运动技能的自动化。

（四）教学实践的现代化

随着现代教育和科技的快速发展，高校体育教育在教学手段方面也得到了很大程度的突破，各种教学实践活动呈现出较为明显的现代化特点，并逐渐实现了对传统体育教学方法的改革和创新。在现代体育的教学活动中，先进技术产品和手段的运用也在很大程度上提高了体育教师的授课效率，同时也进一步增强了学生学习的兴趣，调动了他们主动学习的积极性。目前，现代体育教学模式已经开始与现代教学技术手段相融合。

（五）评价标准的多元化

体育教学模式不同，其评价的方式也会有所差异。随着现代教育改革的不断深入，体育教学模式也发生了较为明显的变化。单一的评价方式很难对某一体育教学模式的科学性做出全面、客观的反映。这就要求在评价时要采用全面的评价方式，所选择的评价指标也必须多元化。传统的体育教学模式过于重视结果评价，而忽视对学生学习和实践过程中的评价，这就使得学生的学习兴趣、爱好、情感反应等方面都很难得到全面的体现和反馈。而现代的体育教学模式逐渐摆脱了单一的评价方式，开始重视学生的学习过程评价、单元评价，以及学生的自我评价等。

第二节　体育教学游戏化模式与比赛模式创新探究

一、游戏性练习与教学比赛练习教学模式

选用“游戏性练习”和“教学比赛练习”这两个术语是为了表述这个教学模式的独有特点。用“游戏性练习”来强调参加活动或比赛是为了体验快乐。“教学比赛练习”是有针对性地设计一些练习来达到特定的效果。

游戏性练习和教学比赛练习教学模式运用一系列的训练任务或练习，这些训练任务的练习环境与实际比赛十分一致，训练任务练习和真正的比赛二者之间的相似性越大，学生越能将在训练和练习中新学到的知识运用到真正的比赛中。游戏性练习和教学比赛练习教学模式是特别重要的概念，可以用来区分哪些训练任务和练习是适当的，哪些是不适当的。例如，在练习篮球或足球时，学生在标志桶间运球或站成两排静止传球与真正的比赛并没有多大联系，然而，1 对 1 运球或 4 对 1 攻守练习却与真正的比赛有高度的一致性，因为这些情况都会在比赛中出现。

二、游戏性练习和教学比赛练习教学模式的教学方法

游戏性练习和教学比赛练习教学模式运用了三种教学方法，即更改练习法、练习目的法和练习趣味性法。

（一）更改练习法

更改练习法是指改变练习的各种变量来获得娴熟的比赛能力。教师可以运用简化的游戏性练习和教学比赛练习以及挑战来发展和提高学生的比赛战术意识及技术能力；可以通过改变练习变量，如空间、时间和球员的数量来改变游戏性练习、教学比赛以及挑战的难易度。随着比赛逐步进行，难度越来越高，这样可以循序渐进地发展球员的比赛和战术，对于对抗性运动项目，可以根据比赛参加者的人数、场地的大小、进攻方和防守方的比例、次要规则、目标的大小和比赛的时间来设计不同的练习。对于棒垒球类运动项目，可以通过修改评分系统来达到既定的教学目标。对于目标类运动项目，可以改变目标的大小及距离来设计不同的练习。对于持拍类运动项目，可以通过修改场地大小、球的尺寸以及目标（如在羽毛球网上放置一个目标让队员击打）来设计不同的练习。

（二）练习目的法

练习目的法是指练习时要强调达到特定的目的。例如，在羽毛球比赛中，可以通过在场地上做标记识别目标区域。如果练习目标是迫使对手移动到后场，那么在练习中，学生将羽毛球击到后场既定的区域就可以得分。教师通过暂停和回放教学方法来展示特定教学场景，从而帮助学生识别关键技术动作及做出其他技战术的决策。

（三）练习趣味性法

练习趣味性法是指通过增加或减少练习的难易度来挑战并调动学生的积极性。这可以通过改变练习或教学比赛的教学环境来实现。

教师可以改变比赛时间（2~3 分钟教学比赛），通过设立在指定时间内完成的练习次数来挑战学生及赋予球员特定角色。随着学生能力的发展，练习目的也会复杂化。

第三节　体育教学的团体模式与拓展模式的创新探索

一、团体教学模式及其教学方式的阐释

在文化教育类的研究中，团体合作学习被定义为一个动态、多样的教学模式，它可以面向不同年龄的学生教授不同的教学内容。在运用团体合作学习教学模式进行教学时，学生可以通过有组织的、个性化的小团体进行合作，共同完成并掌握教学内容。学生不仅要自己承担学习教学内容的责任，还要帮助同组的伙伴学习这些教学内容。研究者们根据科学研究的结果，将体育教育中的团体合作学习定义为：运用个体和群体的学习成果，从动作技术、认知和情感这三个学习领域来增进学生个体发展、社交互动能力和动作技术水平，从而揭示人类运动社会文化意义的教学模式。

（一）团体合作学习教学模式的要素

团体合作学习教学模式有以下五个要素：

（1）积极的相互依存。它指学生意识到如果他们互相之间不团结合作就无法成功地完成学习任务，即学生必须互相团结合作来共同完成预定的任务。在体育教育和体育运动中，有很多我们所熟悉的积极的相互依存关系。事实上，每一个团体性体育运动项目都需要整个队伍的团结合作才能获得比赛的胜利。例如，在排球运动中，我们依靠从后场到前场的传球组织进攻；在篮球运动中，我们依靠后卫带球；划船运动中，每个桨手必须动作

一致使船前行……在体育教育活动中，只要所有的学生互相团结合作完成学习任务，那么他们便建立了积极的相互依存关系。

（2）个人责任。它指每一个学生负责完成他或她所被分配到的整个小组任务的一部分。教师可以给学生一份任务单，它不仅明确地告诉学生要完成的学习任务，同时还能监督每个学生来完成自己要完成的任务。这些监督策略试图避免一些小组成员成为“免费搭车者”或“有能力的旁观者”。有能力的旁观者是指在体育课上行为表现良好但不参与到练习中去的学生。在周密计划的团体合作学习练习中，不容许存在有能力的旁观者。

（3）积极进取和面对面的互动。其字面意思就是小组成员聚集在一起，面对面地对学习问题进行积极的讨论。积极进取意味着学生在互动中要彼此鼓励，并支持对方。在团体合作学习小组中，教师可以利用鼓励者的角色来激励积极进取性的互动。面对面是指学生彼此靠近坐着、站着或以小组为单位进行身体活动或练习。

（4）人际交往技能和小组间的交往技能。这被定义为“社交技能”。学生通过身处与同伴相互配合的小组环境中来发展这一技能。所有团体合作学习活动的目的都是发展学生积极进取的社交技能，这样就可以让学生自由轻松地与小组成员或班级其他同学进行交流。这些积极进取的社交技能都是学生通过参与到任务中才得到发展的。这些任务可能包括彼此倾听、共同决策、承担责任、给予和接受适当的反馈并鼓励对方等。每节运用团体合作学习教学模式进行教学的体育课都将发展包括学生的社交技能、情感和认知三大教学目标在内的能力。

（5）小组讨论和反思。通常是以开放式的对话或小组讨论的形式进行，它可以出现在课程的任意时段：这是一个认知任务，常常代表体育课“解决问题的策略和方法”。比如，一个团队的学生探讨和设计一个进攻或防守的战术，团体合作学习教学模式中全面的小组在讨论反思通常贯穿整节课，可以出现在课的结束部分或出现在一个学生或教师的反思日志里。

围绕这五个要素，研究者对团体合作学习教学模式提出了四种不同的想法：概念方法、组织结构方法、课程方法以及合成方法。每一个团体合作学习方法都有其相应的教学方法和评估标准。在对团体合作学习教学模式的解释上，有不同程度的差异性。

在概念方法中，为了获得最佳活动效果，所有团体合作学习中的五个要素都必须被用到设计的教学活动中去。例如，学生应该在活动中有时间进行小组探讨和反思，并给他们的队友提供社交技能目标和文化学习目标上的反馈。团体合作学习教学模式所运用的基本教学方法和框架已经被用于各种学科和不同年级。为了鼓励良好的相互依存关系，给每个成员分配互补和相互联系的角色，如管理员、阅读者、记录员、检查员和教练等。团体合作学习的组织结构方法基于教学组织方法。这些教学组织方法包括同伴间轮流回答问题、同伴间相互检查核对、集思广益达成共识。

教师提出问题，学生有时间（教师决定时间的长短）独立思考问题的答案，然后学生站起来聚在一起分享每组的答案，进行交流讨论。当每个人都知道答案后，教师喊一个数字，学生可按照下面的方式进行回答：写在任务表或答案板上、用手指表示、答案卡、操作演示、阐述或解释等。

为了确保成功运用教学组织结构方法，团体合作学习教学模式中的三个主要元素十分重要，它们分别是：良好的相互依存关系、团体奖励以及个人责任。课程的有效设计需要运用各种不同的教学组织结构方法。针对认知、身体和社交技能学习目标所选取的每一个教学组织结构方法都需要在特定的教学情境或环境中得到最佳的效果。

课程方法从任何教学内容都可以运用的教学组织结构方法转变为根据特定年级水平和特定学科来设计教学内容和选取教学方式的方法。有研究者设计出了各种具体的、以课程为中心的教学结构来促进学生的课堂学习。在这个高度形式化的教学方法中，小组目标被定义为学生以小组方式团体合作完成任务，从而得到教师对他们团体所获得的成功给予认可、高分、奖励或其他成功指标。关注的是团队、奖励、平等的成功机会、学生共同完成适合其自身能力水平的练习任务以及个人责任。

（二）团体合作学习教学模式的教学策略

1. 社交技能教学目标

21 世纪的学生需要明确学习处理人际关系和与小团体交往的技能：教师通常误认为，如果教授团体合作活动或团体合作游戏，学生就能自主地学习如何倾听对方、承担责任、共同工作、分享想法并尊重对方。然而，在实践中，教师知道需要集中精力来帮助学生学习正确的社交技能。对社交技能的教授要循序渐进，在一节课或一个教学单元中运用所有团体合作学习教学模式之前，可以先在教学中进行一次团队建设。

2. 活动时间与认知时间

教师要保证学生有大量的运动时间，还要确保学生有充足的时间理解和掌握教学认知内容。学生需要在 40~60 分钟的课时里接收和消化大量的知识和信息。在运用团体合作学习教学模式的前期教学中，教师要合理地安排认知任务与运动任务的时间。对团体合作学习教学模式的研究成果表明，要达到最佳教学效果，在早期的教学单元中教师需要严密规划每一节课的教学内容，然后在学生熟练掌握团体合作学习教学模式之后，赋予学生更多的自主机会。

3. 赋予学生责任感

当实施团体合作学习教学模式时，教师会从运用直接指导和完全控制的传统方法转变为运用赋予学生更多责任、以学生为主导的教学方法。现在教师的角色是引导者，起间接作用。为了让学生能够承担更多的责任，教师需要花时间来教授学生在课上所要承担的角色和责任、练习的任务和身体活动。当教师在教学中运用教学文件夹（含有小组所有的练习和任务）时，学生具有小组归属感，能够一起合作，并成功地完成任务。

4. 让学生从角色执行中学习

对于学生来说，认识和理解他们的角色比应用或运用这些角色从而使小组有效地完成任务要容易得多。例如，学生在担任教练角色时，可能可以轻松地将任务读给队友。但当他在阅读这些任务时可能无法保证每个队友都能注意听讲。小组管理者可能不知道如何去组织和管理一个团队，或者他们没有足够的自信去做好这件事。与同伴进行有效的沟通对于许多学生来说是困难的，教师可以先运用较熟悉的两个角色或活动，帮助他们进行团体合作学习的教学，即互惠式教学风格。在互惠式教学风格过程中，一个学生教同伴一项特定的技术，然后交换角色。

5. 体育教学不会总是按照原先的计划进行

任何教学改变都是困难的，所以不必担心犯错误。随着时间的推移和反复教学实践，教师会得出一套适合的教学情况和教学情境的团体合作教育学模式。在学生进入体育馆前将所有的器材、任务表和小组分组准备好是决定一堂课成功的关键。教师的热情会感染到所有学生，从而激励他们心甘情愿地来接受这种创新的教学模式。

（三）团体合作学习教学模式的教学经验

（1）作为一个引导者的角色，教师应起到引导和组织教学的作用。因为学生在课堂上起主导作用，承担学习的责任，所以教师应该引导学生来从事活动。

（2）小组人数从少到多。不要期望四个学生可以在一起团结合作。从两人一组开始，采用互惠式教学风格来进行教学。教师要知道如何将知识分解成小部分，然后一步一步地教授给学生。要根据学生的身体和技能、认知和社交技能，运用渐进式的任务来教学。

（3）教师首先选择自身具有丰富专业知识的运动项目，即教过或参与过的活动。

（4）若教师已经在自己的教学中运用了一些团体合作学习教学模式的要素，那么就以这些要素作为起点，逐渐加入其他要素。对于本章团体合作学习教学模式的内容，教师可在教学中首先运用那些已经熟悉的要素。例如，如果教师曾经参与过或执教过一项体育运动项目，那么他已经了解了球员间必须积极地相互配合来赢得比赛的胜利。可以从一个小教学比赛开始，在这个教学比赛中，学生必须团结合作，相互依靠才能成功。

（5）和一位或多位同事一起计划一个教学单元。在教授这个单元之后，和其他同事探讨在运用团体合作学习教学模式进行教学时所遇到的障碍和成功之处。

（6）选择教师想让学生发展的一项社交技能。例如，想要学生能够增加对彼此积极评价的次数。那么在教学中，要有意识地培养学生，让他们彼此积极地评价对方。当一个学生对其他同学做出积极的评价时，要及时地表扬鼓励。

（7）为了便于在教学中运用团体合作学习教学模式，本书建议教师首先教授一个团队合作的小单元（6 节课）。这一策略的目的是让学生开始习惯在一起工作，并能够拥有一些人际关系技能和团队建设技能，为全面地在教学中实施团体合作学习教学模式打下一定的基础。

二、拓展教育教学模式及其教学方式解析

（一）拓展教育教学模式概念

拓展教育教学模式源于探索教育，旨在发展青少年和年轻人的美德和性格。拓展教育教学模式是一种以学生为中心，采用一系列有计划、有目的的体育活动来增强学生的自我发展（个人）和人际交往（社会）的教学方法。拓展教育教学模式可以追溯到 20 世纪 70 年代初的探索项目，作为一门课程，它把探索融合到了体育课程中，是一个“旨在发展和推广更多探险活动项目，发展有责任感的个人、有效的社会团体和可持续的社区为目标”的组织。参与体育拓展教育教学课程模式的学生应达到以下六点：

①表现出对人体动作概念的理解和动作技能的运用；

②表现出负责任的个人和社会行为；

③表现出有效的人际交往能力；

④表现出做决策、承担风险和解决问题的能力；

⑤在拓展教育活动中理解并体验挑战、享受、创造力、自我表达和社会交往的重要性；

⑥理解和尊重差异。

（二）拓展教学模式的教学技巧

（1）拓展教育教学模式的教学进度取决于学生能否很好地进行团队活动。一些团队能够在 20 天的单元时间内成功完成拓展教学，一些团队能快速通过几个阶段，但在某一阶段受阻无法前行，还有一些团队可能过不了团队合作阶段。需要根据每节课的情况及团队成员的进展调整单元计划。

（2）这个课程模式的关键是教师给团队一个问题，团队一起努力来达到最终的目标。团队的合作过程是这个模式的重点。教师的工作就是确保团队成员身体和情感的安全，当然也可以在团队遇到困难时引导他们重新思考问题。

（3）一些团队会很快做完教师计划的所有活动，或者不愿参与某一项活动。所以，预备更多的活动能让教师在教学中将学生的精力集中于课程目标，而不是把时间花在现场临时策划的其他活动上，确保预备的活动需要与班级学生所处的发展阶段相一致。

（4）教师经历得越多，就越容易读懂学生，就可以灵活地选择教学时间。可能某些团队会很快完成准备活动，而另一些团队可能并不热衷于此项活动。当这些情况出现时，教师需要灵活应对，确保所做的任何改变都与团队所处的阶段一致。

（5）教师应该在每节课上引导以学生为主导的有意义的反馈和讨论。有时若团队队员不合作或在活动中运用大量的负面评论或行为时，教师就需要在反馈和讨论上花更多的时间。

（6）运用反馈和讨论模型将会帮助教师在引导学生进行反馈和讨论方面提供必要的结构和策略，从而让学生不仅对体育运动有兴趣，而且对在运动中所学的知识产生兴趣。

（7）在学生的反馈和讨论过程中经常出现两个问题：一些学生侃侃而谈，主导讨论的过程；有些学生闭口不言。显然，反馈和讨论的目标是让所有学生都能参与，但这可能对一些人来说很难，对其他人来说很容易。如果注意到有的学生不愿意分享自己的观点，那么教师就把小组分得更小一些，增加安全感和舒适感，帮助他们分享自己的看法和观点，然后在小组中选一个人做代表向整个班级做最终发言报告。确保学生情感上的安全能帮助学生在反馈和讨论过程中感到舒适而愿意分享。有的学生在反馈和讨论中起主导作用，使其他成员没有机会表达他们的观点。在这种情况下，教师需要引导谈话的方向，让其他人有机会来发表自己的观点。可能教师还需要与这些主导交流讨论的学生进行一次谈话，帮助他们意识到自己的行为，让他们知道教师也重视他们的想法，强调集体反馈和讨论的目的是让所有学生都能分享各自的想法。

（8）正确运用以机遇来挑战学生的教学策略会让学生在参与活动时感到情感上的安全。全方位价值合约的建立很重要，因为这份合同的签订会让所有学生都认识到他们作为个人和团体应该如何来表现。

（9）为让所有学生都能受益于拓展教育教学模式，作为教师，要时刻观察学生的行为，如果学生在情感和身体上感到不安全时，就需要立即介入。教师可以组织讨论，提醒学生体育活动的规则，或进行最后的集体反馈和讨论。如果觉得问题不是很严重，可以让活动继续下去，那么就在课堂结束时的反馈和讨论中探讨这个问题。

第四节　体育教学评价模式的创新探索

一、过往教学内容的“困局”

（1）体育教学内容的逻辑关系不强。由于体育教学内容相比于其他教学内容没有足够强的逻辑性，所以在教学内容的安排上应当避开逻辑性，在更深的层面上进行研究。

（2）体育教学内容与健康教育的畸形关系。体育教学内容从根本上来说应当与健康教育相辅相成。但在实际教学过程中，人们一直都很忽视对理论基础知识的选择。固有思想总是认为体育课就是要实践，认为上体育实践课的教师对于健康教育是不在行的，而会上健康教育课的教师对于体育实践课又不熟悉，这时的体育教学和健康教育被剥离开来。① 但是终身体育观点的提出使人们认识到，体育与卫生保健是相辅相成的，科学锻炼才能保障健康。所以现代体育教师必须注重理论与实践相结合。

（3）体育教学内容应该多样化还是重点突出？相比较其他学科，体育教学在横向上的内容则更加丰富，因为其他学科的内容有着比体育教学更强的逻辑性。终身体育思想使得很多教育工作者开始思考目前的体育教学内容太多导致学生学不会的问题经常出现，所以很多学者提出学生只要具备一项运动技能就足够了的观点，他们认为，学生进行终身体育，一项体育技能足矣。同时也有很多的反对呼声，因为那将把体育教学内容置于一个过于狭小的范围内，并且一个项目很难满足人的一生中各个阶段对体育运动的兴趣。所以，项目太多或项目太少对于体育观念来说都过于片面。这一问题可能通过在初中、小学设置多样化教材内容，而高中、大学选择特长项目的方法来实现。

（4）竞技项目如何教学化？在我国的体育教学内容发展过程当中，竞技体育项目始终是体育教学的主要内容。但与体育教学相比，运动训练是有着本质上不同的，所以如果以专业训练的标准要求学生在体育教学中的学习，那么必然会出现难度过高、内容枯燥、教学效果欠佳的问题。所以要想在体育教学内容中加入竞技体育的内容，那么对其进行改造必不可少，这样才能适应体育教学对内容的需要。

二、体育教学内容发展趋势

（1）向不同学段逐级分化和从规定性向选择性方向转化。在过去，体育教学大纲在进行体育教学内容的选择时总是想要寻找体育各个项目中的逻辑关系，其目的就是想依托这种关系将体育教学内容系统化。但是在实践操作当中发现，这种预想中的逻辑性是不存在的。所以在未来的体育与健康的教学大纲中，进行体育教学内容的选择时，更加注重寻找体育学科当中内在的一些规律，例如效果好的体育课程通常是学生更加偏爱的运动项目，这种项目几乎都具有流行性、时尚性、娱乐性等特点。

（2）从教师主体向学生主体转化。体育教学内容的选择与确定将受到各方面的制约。在过去的体育教学大纲中，体育教学内容的选择与确定通常更重视教育工作者对于教学内容的价值取向，所以重视的仅仅是教师的教。而随着体育教学改革的进行，越来越多的人

---

① 高小平，崔成前：《高校体育文化育人功能与建设路径研究》，载《江苏高教》2019 年第 10 期，第 97-101 页。

开始重视学生对体育教学内容的价值取向，所以根据学生学而进行体育教学内容的选择的方式更加普遍。

（3）从只注重提高身体素质向身、心全面发展的方向转化。体育教学内容的选择由于受到各方面的制约，导致学校的体育课程曾经是纯粹地以提高学生跑、跳、投等身体素质为目的的一种体能达标课。新的教学改革大纲出台之后，学习教育通常更加强调素质教育，所以学校对于学生素质的全面发展肩负着无比重大的责任。在体育教学内容方面，这项内容的选择与确定，同样要符合素质教育的要求，使学生在身心方面获得全面的发展。

（4）不断追求终身体育意识的培养。体育教学是为终身体育打基础的，如今这是一个大的趋势。而终身体育目标的达成则取决于学生参加体育所需的技能、知识和态度。所以教学内容应当更加注重健身性、运动文化传递性与娱乐性，在健身价值和终身运动性强的运动项目中间做出选择。

（5）越发注重对新内容的引入。社会进步令人们在体育方面的选择更加丰富多彩。学生更加追求新鲜的体育项目，所以体育教学内容也要注重推陈出新。除此之外，我国多民族的特性决定了各个民族都有出色的民族特色体育项目，这些民族项目既各具特色，又有良好的健身价值，在体育教学内容的选定中应适当根据具体情况加以选用。

三、新型体育教学内容体系

体育教育是素质教育的重要体现形式，这就使得体育所承担的教学目的更多，如要做到与社会相结合，并且同学生的日常生活紧密相关，这注定是现代体育教育发展的一个新趋势。所以体育教学内容应当扩宽，形成自己的新体系。在这个新体系当中，体育教学的内容进一步获得扩充，包括身体教育、保健教育、娱乐教育、竞技教育和生活教育这五方面。

第一，身体教育。身体教育是指以健身为目的的体育教育。身体教育的目标是要提高人的各项基本活动能力。在这其中，身体成分、肌肉力量、有氧耐力及柔韧性是重要的与健康相关的运动素质。

第二，保健教育。保健教育是指在学习相关体育知识的过程中确保学生的安全和健康，这其中生理和保健知识也是必不可少的。在体育教学内容中必须重视运动处方的理论和实践，从而将保健教育和体育教学结合起来。

第三，娱乐教育。体育教学内容中的娱乐教育可以非常灵活地结合在社会的每个角落。每个人每个民族的娱乐体育活动都是丰富多彩的，所以促使它成为体育教学内容，是一种有益的选择。

第四，竞技教育。竞技教育主要是以专项运动项目为主要内容的体育教学，由于竞技体育事业的飞速发展，所以学生对竞技体育是相当喜爱的。但在教学过程中，绝对不能照搬对运动员的要求而进行体育教学，在各方面应该针对学生进行适当的处理，从而适应学生的实际情况和需求。

第五，生活教育。生活教育在这里是指防卫训练、拓展练习、冒险教育及健康生活教育。在现今时代，城市化影响着每一个人，包括学生。但是这种生活有时候会显得内容单调，所以很多学生希望亲近大自然。而针对这种追求，在体育教学内容方面又可以有新的选择。

第六章 体育教学实践创新发展的问题与对策研究

第一节 我国现行体育教学改革创新实施的问题分析

一、体育教学理论和实践存在的问题和困惑

（一）体育教学理论与实践的历史背景

体育教学无论是作为一门学科，还是作为科学系统的一种历史形态，其孕育和成长无疑是社会自身发展的结果。要了解当代体育教学理论与实践存在的问题，除了考察自身的历史发展之外，还必须从学科中跳出来，考察其孕育、产生、发展的社会环境。一切当代的社会思想归根结底都是社会经济状况的产物。①

我国体育教学理论的改革更多的是从实践中遇到的问题入手，逐步进入改革领域进行深层次的理论反思。理论的产生通常都是由现实的危机促成的，理论是在实践的问题中展开的。而按照思维的逻辑顺序，改革需要依次研究和说明改革的必要性、界定改革的范围和性质、确定改革的方向和目标、制定改革的步骤和策略，这些问题之间是一种逐层递进的关系。而我国体育教学改革发展的情况确要复杂得多。

与西方发达国家相比，中国社会转型具有特殊性：第一，转型任务的叠加性。第二，转型环境的复杂性。第三，转型速率的加速性。这种特殊性给体育教学带来极为复杂的影响，导致改革久拖不决、目标实现困难、进程受阻等，反映出我国体育教学的改革不仅没有把改革的决策建立在理论研究与实践相结合的基础上进行，而且是受实践的迅速发展和决策的迫切需要而仓促起步的。

---

① 李生民，王波，祝菁：《普通高校阳光体育运动评价指标体系构建》，载《北京体育大学学报》2011 年第 34 卷第 9 期，第 85-88 页。

需要注意的是，不能以新课改实施过程中出现的问题而否定其巨大成绩和贡献的存在。不能把所有教育失败的责任归咎于学校，必须看到教育以外的各种现象。矛盾是普遍存在的，一个问题的解决常常伴随着另一个问题的产生。每一种思想和改革方案都不可能解决所有的问题，总有自己的边界和盲点，都不可能穷尽世界的真理。

体育新课改在实施中存在的问题，也正是教育不断向前发展的推力和契机。改革是一个过程，而不是一次事件。这需要教育理念与实践之间的不断磨合，需要教育方案不断更新。需要做好这样的思想准备，课程改革是一个长期的规划和目标，要靠长期的努力才可以实现。课程改革分为破冰期、融合期和创新期三个阶段。而目前我国的课程改革正处在融合期，人们产生迷茫和困惑在所难免。相信随着新课程的优势越来越凸显，物质和各种条件的逐渐完备，新课程的创新期一定会到来。

（二）体育教学理论与实践的问题

随着我国教育改革的蓬勃发展，众多新兴的国际教育教学理论被引入国内，并在体育课程改革中得到了体现。这些教育理论使广大教师在开阔视野的同时，能够形成教育实践的新视域，最终构筑起教育实践的新行为。

当然，在教育改革的实践中也会存在到以下问题：

第一，由于每一理论和实践潮流都是与其特定文化相联系的，都是对特定时代的表达，所以，在实践中也较难以本土化，从而难以被广大基层教师理解掌握。

第二，这些理论分属各家各派，论述零散，观点凌乱，导致广大基层教师难以系统整合理解掌握。难以确切地认识各种教育主张的实践意义，难以梳理教育理论的源流关系。学习时常常陷入一种“只见树木，不见森林”的状态，以致出现这些理论难以有效地说明我国基础教育发展与改革中所面临的问题，难以有针对性地指导我国高校教师摆脱所面临的困境。

第三，由于这些教学理论的研究一般涉及教学过程的若干方面，还不能反映整个教学过程的规律性现象，在工作中不易展开实操，所以在实践中推广应用这些理论观点时容易陷入片面。除此之外，这些教学理论中的新观点、新模式层出不穷，既相互促进又相互抑制，极易产生强调教学过程中的某一方面，而忽略了整个结构的平衡，使人有些眼花缭乱、无所适从，致使理论乏力。

第四，由于这些理论是“舶来品”，未能结合国情特色进行“中国化”改造。受民族文化的制约其内在的教育意蕴通常难以与我国本土环境对接、充分敞开和展示，这就导致客观上对其实践的路径难以把握，不能对这些理念进行认知上的转换与相互借用，不能被广大体育教师充分认识、接受、运用。

近几年学生心理健康与社会适应能力逐渐得到关心，并得到明显改善，一贯重视的学生运动技能有所下降。这种状况与当前对新理念的认识不清与难以实施可谓不无关系。所以，如何对照分析、理解把握国外教学理论，结合国情探寻其发展路径；对原有思维进行检视，整合教学理论研究成果，改变求新与误解的状态；反思改革与发展的经验与教训；构建中国本土化的教学理论，就成为体育教学建设和发展的任务与热点。

二、体育教学理论和实践的发展

（一）多元化教育理念

体育教学如果只重视一部分人的能力（技能）并且围绕它来组织课程教学，把它视为完整人生的标准，那么这种教育就不可能成为最好的教育，是偏颇的，应把德育、智育、美育等有机地统一在体育教学活动的各个环节，应让每一个学生都能在“德、智、体”中发展，都能享受体育学习“懂、会、乐”和谐的乐趣，达到既是运动又是教育、既能锻炼又能娱乐两者不可偏废的关联，从而走出当前体育教学单一技艺系统复制的狭隘框架。

（二）推动体育教学的发展

改革的性质和方向树立了改革是体育教学追求持续发展的价值取向，理解改革实质上是一次对体育教学进行再认识的再教育，催生了以下三种自觉意识：

第一，改革意识。改革是体育教学的必由之路。只有坚持和深化改革，才能冲破一切妨碍发展的思想观念，才能改变一切束缚发展的固有习惯，才能革除一切影响发展的体制弊端。第二，发展意识。“发展是硬道理”。一切困难和问题只有通过发展才能得以克服和解决，只有发展体育教学的物质建设才能保障。第三，创新意识。先进文化离不开创新这个根本条件和科学标准。创新是体育教学的灵魂，是检验体育教学先进文化本质的尺度。中国体育教学只有建立和依托创新才有生命力。

体育教学的改革揭开了人的发展是体育教学层面的核心，确立“以人为本”的指导思想。改革呈现了体育教学以人为本的教育本质，指明体育教学的教育责任、文化责任、服务和引领社会前进的责任。改革了一切与社会进步和人的全面发展不相适应的体系和体制，再认识和把握新时期体育教学所面对的，不仅仅是生物特点，不仅仅是如何跑得快、跳得高、技术好，而是要在体育运动中体现人的本质、人的权利、人的历史和人的发展；改革了旧的教学体制和课程，正确认识并领会体育与健康课程的性质和特点，打破了体育教学局限于“技能”的桎梏。在“素质教育”“终身体育”“健康第一”等张力的指向下，改革了课程功能、课程结构、课程内容、教与学的方式、评价功能、课程管理。改革还建立和发展了有我国明显特点的“坚持健康第一的指导思想，培养学生健康的意识和体魄；改革课程内容和教学方式，努力体现课程的时代性；强调以学生发展为中心，帮助学生学会学习；注重学生运动爱好和专长的形成，奠定学生终身体育的基础”的体育教学体系，为未来中国特色体育教学的健康发展奠定了基础，提供了有力的保障。①

改革自觉选择和吸收世界体育教学先进文化成果，如何在经济、文化落后的中国建设和发展体育教学现代化提供科学的标尺，弱化和消弭了体育教学国际化和本土化相互掣肘的混沌局面和两极对抗的张力，为传播、推广和运用外来体育文化“中国化”的发展做出了正确的指引。

第二节 深化体育理论课教学改革的策略研究

一、理论课的教学形式

重新审视和建立“课内体育理论课和课外体育健康网络课堂教学为延伸和补充”的新的体育理论课教学模式。课内体育理论课教学形式保持传统的“三固定”，即教师固定任课班级、学生上课教室固定、上课时间预先固定。

体育健康网络课堂教学形式是：充分利用校园网络资源，建立校园网络体育课堂，学生学习是新的“三自主”形式，即学习时间和空间自主选择，学习内容自主选择，学生自主选择教师指导和交流。②

二、理论课的总体思路

体育健康网络课堂设计以方便快捷的校园网络传输为载体，以拓宽理论课堂教学时间和空间，丰富教学内容、教学方法和教学形式为出发点，以满足学生对体育健康新知识、新信息的需求，促进学生身心健康发展为改革的着力点，全面设计制作体育健康理论网络课堂。

三、理论课的教学内容

对待现行运用的体育理论教材，在实际操作内容选择上，不可能面面俱到。在有限的课堂教学时间内，让学生接受科学的、实用的、新颖的体育健康理论教育，提高体育文化素养，精选教学内容是确保教学质量的关键。具体在选择教学内容时，试图做到“三个

① 赵利，田雨普：《体育教学论发展：反观与前瞻的沉思》，载《成都体育学院学报》2011 年第 37 卷第 4 期，第 58-61 页。

② 丛洪岩，李小伟，刘辉：《阳光体育运动的价值与其可持续性发展的研究》，载《北京体育大学学报》2010 年第 33 卷第 11 期，第 87-90 页。

结合”：

第一，从本校体育教学的实际出发，理论课教学内容与“阳光体育运动”和《义务教育体育与健康课程标准》的实施相结合，讲授中教育学生开展这项活动的重要意义、指标内涵、实施要求、激励措施、测试方法等。

第二，理论课教学内容与传递体育运动新信息、新知识、新的健身手段相结合，满足学生求新、求变的好奇心理，激发学生体育锻炼热情和兴趣。

第三，理论课教学内容与学生个体健身需求相结合，为学生搭建交流互动的平台，为学生体育锻炼导航。

四、课外网络课堂

（一）网络栏目的内容设计

在网络课堂页面形式的设计上，既不同于教材编写篇章的格式，又不拘泥于上课讲稿的写作样式，而是借鉴报刊版面设计的形式。各栏目内容要让学生感到方便、实用、可读性强，六个具体栏目如下：

1. 体育健康百科知识

体育健康百科知识栏目介绍体育健康新知识、新信息、名人健身之道等大量知识信息，目的是培养学生的健康意识，帮助学生用科学、实用的体育健康理论知识指导课余锻炼实践。

2. 课余锻炼导航

课余锻炼导航栏目重点指导学生，学会制定课外锻炼运动处方，了解掌握健身锻炼的基本知识；对运动兴趣特长突出的学生，指导他们了解和掌握提高运动技术的训练方法和训练手段，达到体育理论指导实践的目的。

3. 运动损伤预防与处理

运动损伤预防与处理栏目帮助学生了解和掌握运动性病症的发病原因、急救方法和预防措施，从而保证学生在体育运动中，正确处理和预防各种运动性疾病，提高学生自我医务监督的能力。

4. “阳光体育运动”有关知识

“阳光体育运动”有关知识栏目让大学生明确“阳光体育运动”的测试目的及意义、指标体系、内涵、测试方法、评价标准、激励措施、基本要求等内容，通过宣传教育进一步激发学生锻炼的积极性，了解个体测试数据及结果反馈，找出自身体质上的差距，明确努力方向，通过理论联系实际，深入浅出直观形象的网络课堂，科学地对学生进行健身锻炼指导，调动学生参与体育锻炼的热情，自觉养成经常锻炼身体的习惯，提高身体健康素质。

5. 运动项目规则、竞赛组织及裁判法简介

运动项目规则、竞赛组织及裁判法简介栏目主要介绍普遍开展的一些运动项目，帮助学生理解掌握规则内涵精神，运动项目规则修改及发展变化信息，提高学生理解规则、执行规则及组织竞赛的能力，提高大学生体育竞赛的欣赏水平和体育文化素养。

6. 师生交流互动

师生交流互动栏目通过 E-mail 邮件的形式，为学生搭建交流互动的平台，针对学生在学习和锻炼过程中提出的各种问题进行个别指导交流沟通，使他们不受时间、空间限制，及时得到教师的指导帮助。

（二）网页制作

根据栏目内容的大框架，教师定期撰写栏目稿本内容，稿本内容经整理审核后，由专人负责制作网页内容，具体方法是：

确定体育健康网络课堂栏目的编排设计。每个栏目都有一个教师专门负责撰写稿本内容，总编教师将稿本内容做合理的编排整理，运用相关软件，分类放入相应的栏目中。栏目的实质好比是一个网站的大纲索引，索引应该将体育网络课堂的主体明确显示出来，比如，将一些最吸引人的内容放在最突出的位置或者在版面分布上占优势地位；每个板块（板块比栏目的概念要大一些）都有自己的栏目，各板块要有相对独立性；各板块要有相对独立性与关联性；各板块的内容要围绕体育网络课堂主题。

在链接方式上，体育健康网络课堂的链接结构为树状链接结构，是类似 DOS 的目录结构，首页链接指向一级页面，一级页面链接指向二级页面。这样的链接结构浏览时，逐级进入和退出，条理比较清晰，访问者明确知道自己在什么位置，不会有“不知身在何处”之感。

为了使体育健康网络课堂内容具有吸引力，经常对栏目内容进行更新，对运动项目规则、竞赛组织方法和裁判法、运动损伤处理与预防这一类变化少的更换不多，对其他几个栏目适时更新替换，使内容信息保持一定的活力和吸引力。

（三）教学评估

为了检查评估这种新的教学模式的教学效果，通过体育理论课考试，检查学生了解掌握体育健康网络课堂知识内容的情况，对教学双边进行检查评估，考试成绩纳入期末考试总成绩计算。同时，结合问卷调查了解学生的反馈信息，以便对体育健康网络课堂的设计和制作及时做出修订和改版，以期不断保持网络课堂内容的生命力。

除此之外，在网络课堂的建设中，稿件内容的准备，对教师也是极大的挑战。为了编

写出新颖、实用的栏目内容，教师要花很多精力和时间，对教师付出的辛劳计算课时工作量，对于提高教师积极性，促进网络课堂建设的健康发展有着重要作用。

实行课内体育理论课与课外体育健康网络课堂为延伸和补充的教学模式，拓展了体育理论课教学的时间和空间，是指导学生科学地进行课余体育锻炼的一种重要形式；体育健康网络课堂也是一种新的“三自主”教学形式：学生自主学习所需教学内容；学生自由选择上网学习时间；学生任意选择教师进行交流互动。所以，该教学模式教学内容丰富、知识容量较大、教学形式学生易于接受，具有较强的时效性、灵活性和互动性的特点，对于调动学生积极参加体育锻炼，促进学生运用科学合理的方法指导自身锻炼大有裨益，使“阳光体育运动”在高校持续地开展得到了教学保证。

第三节　构建阳光体育教学模式的创新体系的策略研究

一、建设体育教育生态环境

良好的体育教育生态环境有助于夯实阳光体育教育活动的人力、财力和物力基础，优化教育资源的配置水平和利用效率，提高教育目标的实现程度。

第一，应加强高等院校管理部门、高等院校、体育教师等各层次体育教育工作者对高等院校开展阳光体育教育必要性、紧迫性的认识，积极破解传统的单纯以提高学生身体素质为目标的体育教学目标体系，建立以全面提高学生身体素质、文化素质、终身学习能力等要素构成的新型体育教学目标体系。

第二，加强高校阳光体育教育的制度建设，建立开展阳光体育教育的制度基础和长效工作机制，通过经常性、多样化的阳光体育活动推进该项活动的常态化。

第三，通过高等院校管理部门对阳光体育教育认识的深化，加强高校开展阳光体育教育的资源投入和保障机制，加强各高校阳光体育教育的制度体系建设，保障体育教育活动方案的操作性和有效性。

二、丰富课内外活动形式

高等体育课教学帮助学生掌握科学的理论和实践知识，课外教学是课内教学的有益补充，也是实现阳光体育使广大学生“每天至少锻炼一小时”目标的重要保障。①

① 宋海霞，宋海燕：《对体育教学论的新思考》，载《湖南第一师范学院学报》2008 年第 3 期，第 59-60 页，第 63 页。

在课内教学创新方面，应在羽毛球、乒乓球、足球、游泳等传统竞技体育项目的基础上，进一步丰富健美操、民俗体育项目等教育教学内容，以增强学生参与体育学习的兴趣，丰富学生的选择空间。

在课外教学创新方面，应积极通过建立体育社团、发展高校体育俱乐部、举办体育文化节、开展体育知识讲座和竞赛等形式建立多层次、宽领域的阳光体育课外教学活动形式，从而促进阳光体育教育目标的实现。

三、建立学生管理体系

在教学指导思想方面，树立以学生为本的教学理念，通过师生之间的良性互动激发学生参与体育学习的积极性、主动性和创造性。

在教学内容体系中，强化教学内容的操作性和实效性，强化体育运动、体育健康、体育保健等公选课程的开设力度。

在学生评价方面，既要注重学生通过体育课程学习和体育锻炼是否达到相关体育能力定量评价指标，也要注重学生参与体育活动过程性的评价；既要注重学生计划内体育课程学习成绩的评价，也要注重学生参与体育文化节、体育社团、体育俱乐部、体育竞赛等课程外的体育活动的评价工作。

在具体学生体育教育管理工作中，应根据学生层次（如专科生、本科生、研究生）导致的学生学习特点的差异，进行学生评价和管理的分类管理机制，以增强管理的针对性和有效性。

四、建设创新型教学评价体系

教师是阳光体育教育的践行者，是教育模式、教学程序的设计和实施主体，有必要通过开展体育教师阳光体育创新型教学评价机制建设以保证阳光体育教育的有效实施。

第一，加强体育教师阳光体育创新型教学评价工作的组织体系建设，形成评价工作的经常性机制，以有效监督和敦促指导评价工作的开展。

第二，将体育教师的创新型教学意识、理论水平、教学能力、职业道德水平、教育教学绩效等方面纳入教师评价体系，进一步细化为可操作、易量化的评价指标体系，根据该评价体系的评价结果形成教师阳光体育创新型教学的合理评价。

第三，建立基于该体系评价结果的高校体育教师职级晋升、薪酬奖惩管理体系，使得考核评价结果与体育教师个人利益密切结合，促进自主形成阳光体育导向的教育教学质量，提升内在激励机制。

面向阳光体育的高校体育教学模式的创新和运行是一项复杂的系统工程，需要教学目标、教学内容、教学方法和教学评价体系等要素的有机结合与协同促进，既需要在共性教学体系的基础上充分考虑各类型高校和学生的个性化特点，也需要根据实践结果进行动态优化和丰富。

第四节　提升体育教师专业素养的路径研究

当今社会终身教育的理念早已深入人心，对于体育教师来说，不能只凭借其在学校这一阶段所获取的知识与技能满足所从事的体育教学工作，作为教师同样需要把终身学习的理念融入自身的发展上。本节分析体育教师专业发展内涵，并探讨体育教师专业发展的路径。

一、体育教师专业发展内涵分析

体育教师的知识是从事体育教育工作和专业发展的前提条件。林崇德、申继亮从认知心理学的角度提出，教师的专业知识应包含三方面：第一，本体性知识，指教师所具有的特定的学科知识；第二，条件性知识，指教师所具有的教育学和心理学知识；第三，实践性知识，指教师在实现有目的的教学行为中所具有的课堂情境知识以及与之相关的知识，这种知识是教师教学经验的积累。①

叶澜从系统论的角度，认为未来教师的专业素养在知识结构上也不同于今日教师，不再局限于“学科知识+教育学知识”的传统模式，而是强调多层次知识结构。他认为，有关当代科学和人文两方面的基本知识，以及工具性学科基础和熟练运用的技能、技巧是教师专业知识结构的最基础层面；具备一至两门学科的专业性知识与技能，是教师专业知识结构的第二个层面；而教育学科类知识是教师专业知识结构的第三个层面。这三个层面知识相互支撑，渗透并有机结合。②

王建军在考察教师专业发展中，论述了教师知识问题。王建军把教师专业发展区分为理智取向发展、实践—反思取向发展、生态取向发展。其中，理智取向的发展强调教师对“基础知识”的掌握，这里所指的知识倾向于科学知识。③ 以钟启泉为核心的华东师范大学课程组从教师教育课程的设置出发，提出教师知识构成的问题，教师教育的课程应包括

① 辛涛，申继亮，林崇德：《从教师的知识结构看师范教育的改革》，载《高等师范教育研究》1999 年第 6 期，第12-17页。

② 叶澜：《教师角色与教师发展新探》，教育科学出版社 2001 年版。

③ 王建军：《课程变革与教师专业发展》，四川教育出版社 2004 年版。

教育理念、教育知识、教育能力和教育实践四大块。①

二、体育教师专业发展的路径探索

（一）体育教师专业发展的主观路径

1. 夯实专业基础

体育教师是体育教学的组织者，其主要任务就是体育教学。作为一名体育教师，首先，要具备体育基础理论知识、最基本的运动技术技能知识等体育学科专业知识；其次，为了成功地完成体育教学工作，体育教师必须系统、全面、透彻地了解本领域的相关知识，同时也为科研打下牢固的理论基础。

体育教师只有系统、透彻地掌握体育学科专业知识，才能在教学实践中把握教学内容，并能根据学生个体的不同特点合理有效地选择、处理教材，才能使知识不单以符号的形式在教学中出现，也使学生能够扎实、全面地掌握体育知识和各种技能、方法；同时“活化”知识，展现知识的无限生命力，在教学中真正实现理论和实践、知识和人生的统一。

体育教师最特殊的特点是由体育学科的特殊性决定的，那就是体育课的知识特性——操作性知识，即运动技术。体育教师实践是在一个开放、动态的教学环境中进行的，不仅需要系统的学科理论知识，而且需要有熟练掌握体育运动技术、技能的健康体魄。理论与技术并重是体育学科的特点，理论知识的学习能够提高对体育科学和运动技术能力的认识，能够掌握体育科学的基本原理和方法，并能运用于实践；而技术技能的学习与掌握又加深了对理论知识的理解，有益于理论知识的进一步提高，理论与技术技能学习的有机结合，是体育教师获得体育学科专业知识最有效的途径。所以，体育教师只有勤学苦练，不断地夯实自己的专业基础，才能把握体育技术的发展规律和教学特点，成为一名合格的体育教师。

2. 明确专业发展方向

体育教师要正确分析体育教育教学环境和趋势，正确认识自身的素质优势，定位自己的发展目标。实践证明，一个人的发展能否获得预期的成功，很重要的一个环节就是对自身的充分认识，自身处在怎样的环境中，这个环境给自己一个怎样的发展空间，明确体育教育教学改革的发展走向与自身的优势。只有正确认识自身专业发展的支点，奠定自我发

① 钟启泉，胡惠闵：《我国教师教育课程标准的建构》，载《全球教育展望》2005年第34卷第1期，第36-39页。

展成功的基础，才有自我发展的动力和方向。同时，教师要积极学习现代教育教学理论，把握有关教育教学的最新理论动态，对自己所从事的领域有规律性的认识，具有超越于事物发展现状的前瞻意识。教师的专业发展在很大程度上取决于自身的理论素养，没有理论指导的实践是盲目的实践，教育事业的成就在于教育理论和教育教学实践的创新，而不是对既有成果的佐证与阐释，只有对自己的专业领域具有规律性把握和前沿的理论研究，并结合具体的教育教学实践，才能使自己的专业发展具有踏踏实实的理论支撑和明晰而正确的目标。同样，一名教师的专业发展如果上升不到理性的高度，那对教育的探索就会停留在感性阶段。

3. 总结教学实践经验

教学实践是体育教师专业化成长的基本途径之一。知识运用的核心问题是将知识有效地运用于实践中。教学实践经验不仅能巩固教师原有的知识，也可以为教师提供获取和创新知识的机会。体育教师专业的本质特点是“实践的”，教师所有知识最终服务于专业实践。

教学实践智慧不同于理论知识或技术知识那样将某些普遍的、固定的原理、规则运用于对象，而是要在具体的实践活动过程中来完成自己、实现自己。“实践是检验真理的唯一标准”，体育教师通常会在实践中检验教学理念和方法，正是通过实践，他们才能亲身经历去发现身边的问题，并且积极地去解决问题，积累经验，形成实践智慧。教师是反思性实践者，在体育教育实践中提倡反思，形成体育教师反思性实践活动可以有效地推进体育教师专业化发展。反思是教师着眼于自己的教学活动过程来分析自己做出某种行为、决策以及所产生的结果的过程，是一种通过提高参与者的自我觉察水平来促进能力发展的手段。①

体育教师对教学理论的理解包括两种主要的理论成分，即“所提倡的理论”和“所应用的理论”两种。而在实际的教学过程中，这两种理论通常存在不一致性；除此之外，在体育教学中还会出现体育教师行为与期望的不一致性，而反思的重要作用恰恰就是让体育教师看到这些不一致性，进一步改进教学。外在促进因素是否对教师的专业发展产生影响以及影响的程度如何，还是取决于教师是否有反思、反思的指向和反思的深度，取决于教师的自我专业发展意识。反思帮助教师把经验和理论联结起来，从而更加有效地运用自己的专业技能。没有反思，教学将只建立在冲动、直觉或常规之上。只有经过反思，使原始的经验不断地被审视、被修正、被强化，这样经验才会得到提炼、得到升华，从而成为一种开放性的系统和理性的力量，唯其如此，经验才能成为促进教师专业发展的有力

---

① 张铁雄，蒋炳长，谷旭辉，等：《对大学体育教学模式的研究》，载《体育科学》2003 年第 23 卷第 3 期，第 29-31 页。

杠杆。

（二）体育教师专业发展的客观路径

1. 开展体育教学科学与教学研究

体育教师队伍的成长和发展需要途径、载体和契机。教师要继续坚持以校本教研为途径，以研究活动为载体，研训结合，创造发展契机，使体育教师在参与和体验中实现成长和发展。

第一，要继续以主题教研为途径，积极创新教研活动形式，丰富活动内容，增加活动内涵，提高活动实效，在开展主题教研活动方面进行积极的探索，逐步形成了主题教研活动学术性、研究性、实效性和开放性特色。

第二，在开展好学校主题教研活动的基础上，充分利用各级各类教研途径，积极参与教研和教师培训活动，形成以校本教研为主，校内外教研与培训相结合的教研与培训途径，使更多的教师有更多的机会参与到各层次的教研活动中，实现发展目标。

第三，结合教研活动的开展，定期举办青年体育教师教学基本功比赛、优质课评比、研究课、示范课观摩、教学能手评选等活动，让教师通过多种途径得到锻炼，获得成长体验，促进教师发展。

2. 教师继续教育的培训

21 世纪以来，随着我国教育改革的日益深化，体育教师继续教育培训主体单一化的局面正在改变，逐步向教育学院、师范院校、省区市（县）教研机构、在职学校，甚至综合性大学等多元主体方向发展。在我国，教师教育已经获得了一些成绩，教师专业发展正受到中小学教师的广泛关注。当前的新教师观认为，教学是一项专业性的工作，教师是持续发展的个体，可以通过不断学习与探索来拓展其专业内涵，不断生成教育智慧，把促进教师专业发展，切实提高教师专业化水平看作教师继续教育的出发点和归宿，强调通过继续教育，使教师树立自我发展的意识，实现教师的可持续发展。①

近年来，一些教育主管单位创新实施以“高校+地方教育培训机构+教师工作室，理论+实践，知识+能力”为主要内容的复合式教师培训模式，呈现开放、体验、按需、重能力培养的复合式教师继续教育培训特色。在这个培训体系中，高校负责理论培训和专业引领，促进工作室主持人与骨干教师的共同成长；体育教师工作室负责体育骨干教师的实践培训，侧重于在经验分享和体育教学中实践；市县培训机构负责高中体育教师工作室的业务管理与地方课程培训。通过实践复合式培训，参加培训的教师真正实现了理论功底有

① 甄子会：《影响我国高校体育教学发展的因素及对策分析》，载《体育与科学》2010 年第 31 卷第 1 期，第 109-112 页。

新提高，知识更新有新成效，技能水平有新突破。继续教育也是终身教育，是一个永远不会终结的过程，不断学习体育教学的新理念、新思想、新观点、新教法，将使体育教师的自身专业能力及业务素养在继续教育中迅速得到提升。

3. 参加各种学术交流

学术交流是体育教学科研工作的组成部分，是专家向同行发表自己的研究成果，得到评论和承认的团体活动，是研究者学术生涯的一种生活方式，也是人类知识生产力的一种生产方式。通过与专家、学者和同行之间的思想接触，学术交流，自由争辩，可以互相沟通，取长补短，相互促进，共同提高，使认识得到发展，从而有可能产生新的认知，开辟新的研究和实践途径。学术交流活动活跃，学术交流氛围浓厚，将带来体育教师专业发展的提升。有条件的教师应该多参加这类会议，以此开阔眼界、增长见识，了解、学习他人的长处，提升自己的水平。所以，学术交流是“原始性创新源头之一”，也是教师科研创新的条件和动力之一，同时还是提升教师团队科研能力的重要措施之一。

4. 教师网络远程教育

由于计算机及网络技术的迅速发展，为远程教育开辟了新天地，这种模式是现代远程教学技术与多媒体教学手段的有机结合，是一种新的人才培养模式，提高了人们接受教育的自主性，为终身学习、自主教育和高等教育大众化创造了条件。网络远程教育打破了传统教育模式的时间和空间条件的限制，是教育培训功能的一种延伸。由于其教学组织过程具有开放性、交互性、协作性、自主性等特点，所以网络远程教育是一种以受训者为中心的教育形式。通过网络课堂，一线教师有了听专家、名师讲课的机会；通过在线培训，教师有了业余时间自修深造的机会，为教师提供了在多种时间、地点、环境下进行学习的选择，使有限的教育资源辐射到了更多的学校和地区，使学习教育人性化。

参考文献

[1] 程纲. 提高体育教学实效性的几点探索 [J]. 学周刊，2020.

[2] 陈建绩，王海增. 体育校本课程开发的理论与实践 [M]. 北京：北京体育大学出版社，2008.

[3] 陈崇高. 浅谈体育教学中引入翻转课堂的意义 [J]. 中国教育学刊，2019.

[4] 陈旭远. 课程与教学论 [M]. 北京：高等教育出版社，2012.

[5] 杜俊娟. 体育教学设计 [M]. 北京：北京体育大学出版社，2007.

[6] 方敏，马克锋，耿向东，等. 中国近代史：1919—1949 [M]. 北京：中华书局，2010.

[7] 傅建明. 校本课程开发：初中案例 [M]. 上海：华东师范大学出版社，2006.

[8] 葛静. 核心素养视域下体育教学新思考 [J]. 小学教学参考，2020.

[9] 顾渊彦. 体育课程的理论与实践 [M]. 南京：南京师范大学出版社，2014.

[10] 黄爱峰，赵进，王健. 体育教师基本技术技能标准研究 [M]. 长沙：湖南师范大学出版社，2014.

[11] 黄安平. “阳光体育”背景下普通高校公共体育教学模式的比较研究——以分段型和俱乐部型为例 [J]. 体育科技，2017.

[12] 黄云涛. 体育教学合作形式的创新探索 [J]. 小学教学参考，2020.

[13] 黄汉升，季克异，林顺英. 中国体育教师教育改革的理论与实践 [M]. 北京：高等教育出版社，2004.

[14] 解赵辉. 体育教学中的示范法问题研究 [J]. 体育科技，2015.

[15] 贾建国. 新课程下中职体育教学开展的困境及对策 [J]. 科技风，2020.

[16] 季浏. 体育心理学 [M]. 北京：高等教育出版社，2006.

[17] 教育部. 义务教育体育与健康课程标准（2011 年版）[M]. 北京：北京师范大学出版社，2011.

[18] 教育部基础教育课程教材专家工作委员会. 义务教育体育与健康课程标准（2011 年版）[M]. 北京：北京师范大学出版社，2012.

［19］靳玉乐. 校本课程开发的理论与实践［M］. 成都：四川教育出版社，2006.

［20］李欣. 体育教学中教师应为学生养成良好习惯做好表率［J］. 中国教育学刊，2018.

［21］李开文，刘武. 论体育教学中“动作示范”的本质［J］. 文山学院学报，2019.

［22］林承志. 化学课程与教学论［M］. 北京：北京师范大学出版社，2012.

［23］刘昕. 现代国外教学思想与我国体育教学［M］. 北京：教育科学出版社，2011.

［24］毛振明. 体育课程改革新论：兼论何为好的体育课［M］. 北京：教育科学出版社，2012.

［25］王国友. 新课改下体育教学的实践与反思［J］. 中国校外教育，2014.

［26］王春亮. 浅析体育游戏在乒乓球教学中的运用［J］. 体育世界（学术版），2016.

［27］应庆娣. 立体化策略在体育教学中实施刍议［J］. 小学教学参考，2020.

［28］叶茂君，方钟. 合理把握体育教学管理的尺度［J］. 体育师友，2019.

［29］张传龙. 体育教师对体育教学评价体系认知审视［J］. 体育科技，2015.